HAGGADAH SHEL PESSAH
Passover Haggadah

Compiled and arranged by
Samuel Ben-Or Avital

First printed in 1985
Second printing March, 2010
PESSAH – Nisan 14,15,16, 5770
3rd Printing 2021
Boulder, Colorado

The first printed versions of this Haggadah were made available exclusively to students and family members.
Now, it is made available to all.

To all in the future, who will celebrate with this Haggadah the story of our Freedom from the slavery in Egypt of our beloved ancestors.

And also, for ourselves, to remember and celebrate our own freedom from the modern slavery to the idols of the physical, mental and spiritual klipot of our perplexed times, and our Geullah soon to come in our lifetime.

HAG SAMEYAH to all the House of Yisrael.

Samuel Ben-Or Avital
Boulder Colorado USA
2021

Other Books by Samuel Avital

Mime Workbook. 1975
Mimenspiel. German edition of Mime Workbook, 1985
Mime and Beyond: The Silent Outcry. 1985
The Conception Mandala: Creative Techniques for Inviting a Child into Your Life. 1992, co-authored with Mark Olsen.
The Silent Outcry: The Life and Times of Samuel Avital (DVD) 1992
The BodySpeak™ Manual. 2001
The Invisible Stairway: Kabbalistic Meditations on the Hebrew Letters. 2003
From Ecstasy to Lunch. 2020

ISBN: 978-0-9861196-4-4

Published By
Kol-Emeth Publishers
Le Centre du Silence Mime School
Boulder, Colorado

www.bodyspeak.com
www.gokabbalahnow.com

CONTENTS.	Page.
First Word	5
The order of the search for the Hametz	12
Word of Welcome	16
Passover Symbols	19
Order of the Seder service	21
Welcome to the feast of freedom	22
Candle lighting	24
Washing hands	25
A Kabbalistic Devotion	26
Ma-Nishtannah	28
*FIRST CHAMBER the slave place	31
*SECOND CHAMBER the place of being summoned to liberation	38
*THIRD CHAMBER the Pharoah place	45
*FOURTH CHAMBER the place of choice	52
Moses and the Apostate	65
*FIFTH CHAMBER the Palace of Liberation and Celebration	71
Praises, songs, thanksgiving	78
Prayer for Peace	84
The Breath of Life	85
Strong is He	90
Who Knows One?	91
Had-Gadya	93
Yigdal	96
Adon Olam	97
Le Centre du Silence mandala	101
Emet Mandala	103
Song of Songs of Solomon	109
Last Word	116
Hebrew commentary on Exodus	118

ILLUSTRATIONS.	Page.
An ancient book cover	5
Psalm graphic of the "Presence"	7
Mishkan. Copper engraving	8
From the Israeli Museum Exhibit on Jewish life in Morocco	9
A page from an old Hagaddah	11
Grains and vegetables for Passover	13
The flamed letters in the Bush	17
A page from an old Hagaddah	18
Same as Page 9	20
Same as Page 9	27
Biblical image, Doré	32
Egyptian bas-relief	33
Biblical image - Doré	40
Biblical image - Doré	42
Goblet of Elijah	44
Illuminated manuscript from a Passover Haggadah	50
Biblical image - Doré	54
Biblical image - Doré	56
A Kaarah - or platter	58
Same as page 9	59
Exodus by D. Harel	61
Passover Seder by B. Picard	64
A page from an old Hagaddah	77
The treasures of Pharaoh	79
Crossing the Red Sea (unknown)	80
Sinai map of Exodus, from an archaeological Haggadah	81
Same as page 81	82
Same as page 81	83
Biblical image - Doré	86
"Israel" - Egyptian inscription	95
Le Centre du Silence Mandala	100
Emet Mandala	102
10 Sephirot Diagram of letters	104
10 Sephirot by Samuel Avital	108
The Temple of Jerusalem	115
Menorah	117

Illustration : an ancient book cover.

The sense of synthesis and integration, plus the wish to unite the "old" and the "new" together into ONE UNIT OF EXPRESSION, urges me to compile this Haggadah, in order to see the "old" tradition with "new" eyes.

It is also from my Kabbalistic background that this constant urge has sprung, to see Life as a miracle of UNITY, and know that separation is, in reality an illusion. And also to experience the distinction of life from the realization of the Soul, without denying the life through the body -- "the envelope through which the soul expresses its being."

This out-in look on life is a definite and practical aspect of my life. It has served as a guide toward the light since my childhood years in my home village in Morocco, surrounded by the Atlas Mountains, with great cascades of waters flowing to green the area like a garden of Eden on earth.

With this spirit, I wish to honor my parents and grandparents who imparted to me wisdom, and transmitted to me the balanced way of life in spite of all difficulties, and also to all my large family who in that spirit of sharing and joy of simplicity I grew like a plant, with plenty of "water" of light and learning.

To all of the beloved ones who passed and will pass my spiritual path, and especially to my granfather Eliyahu Ya'akov Abitbol, may his soul be at peace, to my beloved father Moshé Amram Abitbol, and to my mother Hannah Robidah Ben-Zekri Abitbol, whom I did not have the privilege to be with at the moment of her transition in 1982; but her spirit will always be with me.

To them, and to those who will share this holy night of Celebration with us, I dedicate this Haggadah with great affection, and pray that this celebration will bring you closer to the God (male aspect of the Source) and the Goddess (female aspect of the Source) within you, through the exploration of the inner slave and the re-discovery of your liberation and your place in the "Kingdom of the Source and the center of the universe."

I am in a state of great joy to be with you, and feel the honor of your presence on this occasion of celebrating the Passover night. May our good intentions and motivations make us realize the miracle of life, and the ability to share in a world of contrasts and paradoxes which we learn to love in spite of all difficulties.

This Kabbalistic Haggadah was compiled after Passover 1984. I have collected drawings and texts from old and new Haggadahs, and combined them all into one "new dish" of intent and meaning. Also are added some of my own drawings and illustrations to make it beautiful for the eye of the soul to enjoy the appearance as well as the essence within.

I have also added a PRAYER FOR PEACE, composed for the very important occasion of travelling during the first week of March 1984 with a group of spiritual leaders from all over the world on a holy pilgrimage to the desert of Sinai. We climbed the Holy Mountain of Sinai at night with more than one hundred persons -- men, women, and children -- and with every step, my soul soared with prayers for Peace TO BE PRACTICED on this earth.

Indeed this was a very important event in my life, to join like minds and hearts for peace and tranquility in the middle east, on the planet earth, at these times of troubles and wars.

So the Passover of April 1984 was especially moving for me, because I connected with the "place", the "desert", through which my ancestors passed with many stations of self-transforming with the leadership of Moses' genius. The words of the Bible took a new significance after my participation in the "Sinai Gathering" event.

And so, this is my contribution to sharing with you tonight this new/old Haggadah; to experience ourselves the stations which our ancestors passed on their way toward the "promised land".

שויתי יהוה לנגדי
תמיד

למנצח בנגינת מזמור שיר

אלהים יחננו ויברכנו יאר פניו אתנו סלה
לדעת בארץ דרכך בכל גוים ישועתך
יודוך עמים אלהים יודוך עמים כלם
ישמחו וירננו לאמים כי תשפט עמים מישור
יודוך עמים אלהים יודוך עמים כלם
ארץ נתנה יבולה יברכנו אלהים אלהינו
יברכנו אלהים וייראו אותו כל אפסי ארץ

ולאמים בארץ תנחם סלה

I have used the new translation of the text from the Archaeological Haggadah, a new English version by Prof. Cecil (Betsalel) Roth, published in Israel by E. Lewin-Epstein Ltd., Publishers, Tel-Aviv, Israel (1974 fifth edition) and included also some of the archaeological facts from that Haggadah to add beauty and information while we celebrate.

Included, also, some images from my immediate tradition, the place of my incarnation in this lifetime, Morocco. These images were exhibited in the Israeli Museum in 1973, on the Jewish life in Morocco -- Haggadah illustrations, the Seder plate, etc. -- for your enjoyment.

Also, I added a story, "Moses and the Apostate", #49 from the book entitled "Moroccan Jewish Folktales" to share with you.

It is an ancient tradition that this night is the right time, the right place, with the right people to read that illustrious book of Solomon, "The Song of Songs". Hopefully we can explore some of the aspects of the hidden meaning of some of the passages.

Though it was misunderstood, its erotic images taken lightly, "The Song of Songs" is, Kabbalistically, one of the books that hides within its letters and lines the great mysteries of the universe, and it can be interpreted according to the level of consciousness of the reader or the one who studies it seriously.

Even though the English translation is inadequate to transmit the powerful messages from the original Hebrew, Solomon's Song is still one of the most inspiring and poetic love books known to mankind, and revered by those who have a mastery over the hidden meaning of the Hebrew language and the Kabbalistic aspects of each letter, combination, and computation using different techniques of the Science of the Kabbalah.

And last, and also the beginning, about the Prophet ELIYAHU. As you see, we have here the "Kisseh Eliyahu" -- the seat of Eliyahu -- the Prophet. Though apparently empty, it is spiritually filled with his Presence here tonight. At one time during the Seder we open the "door" so he can come in and give us blessings and hope. This night not only is he our invisible guest, but he is present in every dwelling which celebrates the Passover with intent and inner motives.

Again, I welcome you to share tonight's experience, and hope for you to enjoy the togetherness. May the Source and the Centre of the Universe be with you always; I add my personal blessings to all of you. May you be inspired to leave your heart open to the "wind within" and the "waters of wisdom" and the "Light of the Tree of Life".

Shalom and Hag Same'yah.
Happy Holy Days of
freedom and peace. AMEN.

Samuel Ben-Or Avital

שמואל בן-אור
אביטל

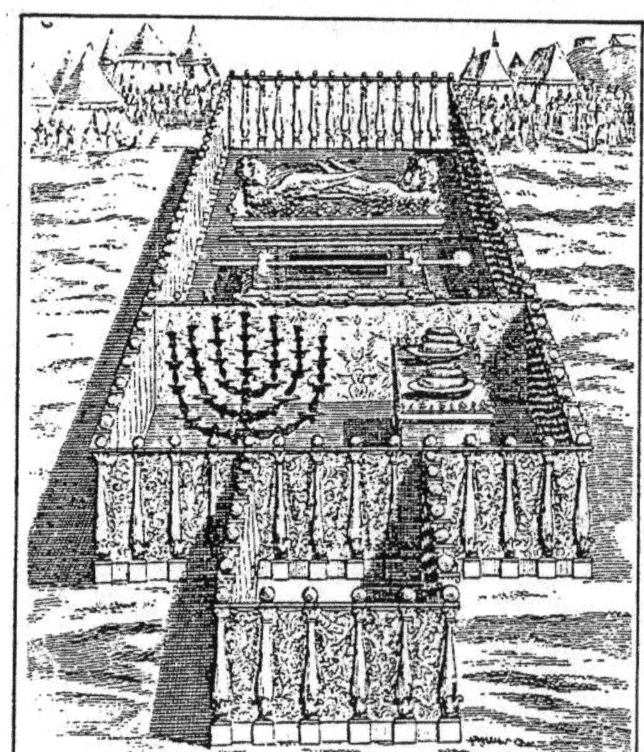

Mishkan. Copper engraving. Holland. 18th c. המשכן. תחריט נחושת מהולנד. המאה הי"ח

פליז ; מעשה ריקוע, חיקוק וטביעה
הקוטר : 48 ס״מ
אוסף שלמה פפנהיים, ירושלים
(136)

From the Israeli Museum
Exibit on
JEWISH LIFE IN MOROCCO.

Jerusalem, Israel.
Summer 1973.

Catalogue # 103.

ראשית המאה הכ׳
בשוליים כתובת : ״אלה מועדי ״יי״ מקראי קדש אשר תקראו אותם במועדם סברי מרנן ברוך אתה ״יי״ אלהינו מלך העולם אשר בחר בנו מכל עם ורוממנו מכל״ ; במעגל החיצון כתובת : ״לשון וקדשנו במצותיו ותתן לנו ״יי״ אלהינו באהבה שבתות למנוחה ומועדים לשמחה חגים וזמנים לששון את יום השבת את יום חג המצות הזה ואת יום טוב מקרא קודש הזה זמן חרותנו באהבה מקראי קדש זכר ליצאת [כך !] מצרים כי בנו בחרת ואותנו קדשת מכל העמים שבתות ומועדי קדשך באהבה וברצון בשמחה ובששון הנחלתנו ברוך אתה ״יי״ מקדש השבת וישראל והזמנים ברוך אתה ״יי״ אלהינו מלך העולם שהחינו וקימנו נהגיענו לזמן הזה קדש ורחץ כרפס יחץ מגיד רחצה מוצאי [כך !] מצה מרור כורך שולחן ע״צ״ב״ה״נ״ ״ ;
מסביב למרכז כתובת : ״ג״ מצות ביצה כרפס מרור חרוסת זרוע״ ; במרכז בקבוק, ולצדדיו גביעים עם הכתובת : ״יין ישן״ ופעמיים המלה ״כוס״

סדר הבדיקה

[בתחלת ליל ערב פסח בודקין את החמץ ויכין ויזרז עצמו למצוה זו ירחץ בנקיון כפיו ויברך]

הריני מוכן ומזומן לקיים מ״ע ול״ת של בדיקת חמץ לשם יחוד קודשא בריך הוא ושכינתיה על ידי ההוא טמיר ונעלם בשם כל ישראל: ויהי נועם אדני אלהינו עלינו ומעשה ידינו כוננה עלינו ומעשה ידינו כוננהו:

בָּרוּךְ אַתָּה יְהֹוָה אֱלֹהֵינוּ מֶלֶךְ הָעוֹלָם אֲשֶׁר קִדְּשָׁנוּ בְּמִצְוֹתָיו וְצִוָּנוּ עַל בִּעוּר־חָמֵץ:

[אל יפסיק באמצע הבדיקה בדבור שאין נצרך לו. ואחר גמר הבדיקה יבטל החמץ שאין ידוע לו בלבו ויאמר זה הנוסח כל חמירא. ונתקן בלשון ארמי כי אז היה זה הלשון המדובר והמובן לכל. ולפ״ז מובן כי מי שאינו מבין זה הנוסח יאמר בלשון לעז המובנת לו או בלשון הקודש]

כָּל חֲמִירָא וַחֲמִיעָא דְּאִכָּא בִרְשׁוּתִי דְּלָא חֲמִיתֵהּ וּדְלָא בִעַרְתֵּהּ וּדְלָא יָדַעְנָא לֵיהּ לִבָּטֵל וְלֶהֱוֵי הֶפְקֵר כְּעַפְרָא דְאַרְעָא:

[וזה פירושו בלשון הקודש]

כל שאור וחמץ שיש ברשותי שלא ראיתיו ושלא בערתיו ושאינני יודע ממנו יתבטל ויהיה הפקר כעפר הארץ:

[יש נוהגים להניח קודם הבדיקה עשרה פתותי חמץ באיזה מקומות הנבדקים. והנה מצד הדין א״צ לזה אבל מנהג ישראל תורה היא. ואפשר שגם מצד הדין יש מעט מקום לזה בנסיון הבדיקה אם בדק היטב. ולפ״ז אל יניחן בעצמו רק אחר יניחן בלתי ידיעתו במקומות הצריכים בדיקה].

[ביום י״ד בשעה החמישית ישרוף החמץ שנמצא בביתו ובשעת שריפת החמץ יבטלנו ויאמר זה]

הריני מוכן ומזומן לקיים מצות עשה ולא תעשה של שריפת חמץ לשם יחוד קודשא בריך הוא ושכינתיה על ידי ההוא טמיר ונעלם בשם כל ישראל:

כָּל חֲמִירָא וַחֲמִיעָא דְּאִכָּא בִרְשׁוּתִי (דַּחֲזִתֵּהּ וּדְלָא חֲזִתֵּהּ) דַּחֲמִתֵּהּ וּדְלָא חֲמִתֵּהּ דְּבִעַרְתֵּהּ וּדְלָא בִעַרְתֵּהּ לִבָּטֵל וְלֶהֱוֵי הֶפְקֵר כְּעַפְרָא דְאַרְעָא:

בשעת שריפת חמץ אומרים זה:

יהי רצון מלפניך ה׳ אלהי ואלהי אבותי כשם שאני מבער חמץ מביתי ומרשותי כך ה׳ אלהינו ואלהי אבותינו תבער כל החיצונים ואת רוח הטומאה תבער מן הארץ ואת יצרנו הרע תבעריהו מאתנו ותתן לנו לב בשר וכל הרשעה כעשן תכלה ותעביר זדון מן הארץ וכל המעיקים לשכינה תבערם ברוח בער וברוח משפט כשם שבערת את מצרים ואת אלהיהם בימים ההם ובזמן הזה אמן:

The order of the search for Hametz.

a page from an old Haggadah.

דיני והנהגת בדיקת חמץ ג

בתחלת ליל ע"פ בודקין את החמץ ויטול ידיו ויברך ברכת הבדיקה בש"ע ויאמר מקודם (הריני) וכו':

הריני מוכן ומזומן לקיים מ"ע ול"ת של בדיקת חמץ לשם יחוד קודשא בריך הוא ושכינתיה על ידי ההוא טמיר ונעלם בשם כל ישראל:

ויהי נועם אדני אלהינו עלינו ומעשה ידינו כוננה. עלינו ומעשה ידינו כוננהו:

בָּרוּךְ אַתָּה יְיָ אֱלֹהֵינוּ מֶלֶךְ הָעוֹלָם אֲשֶׁר קִדְּשָׁנוּ בְּמִצְוֹתָיו וְצִוָּנוּ עַל בִּעוּר חָמֵץ:

אחר הברכה אין לו לדבר ולהסיח דעתו עד שיגמור הבדיקה ואח"כ יבטל החמץ בלבו ויאמר זה:

כָּל חֲמִירָא וַחֲמִיעָא דְּאִכָּא בִרְשׁוּתִי דְּלָא חֲמִתֵּיהּ וּדְלָא בִעַרְתֵּיהּ וּדְלָא יְדַעְנָא לֵיהּ לִבָּטֵל וְלֶהֱוֵי הֶפְקֵר כְּעַפְרָא דְאַרְעָא:

ואח"כ יטה לב"ב שלא יתנו שום חמץ בשום מקום. אלא החמץ שיש להם לאכול אותה הלילה ולמחרת ויקשרנו במטפחת. ולעת האוכל יתירנו ויחזור ויקשור עד הבוקר:

חיוב השכמת הבוקר ביום י"ד

כתב השל"ה הק' דף קמ"א וז"ל בענין אכילת חמץ וביעורו בע"פ ראה ראיתי ברוב המון עם שאינם נזהרים ואוכלים לאחר ד' שעות על היום. ועבירה גוררת עבירה שמשהין בשריפת המץ. יצא שם קודם שנשרף. ואז בהים רעות שהים אינם מקיימין מצות שריפה בחמץ שלהם. וגם הביטול שמבטלים אינו ביטול. כי הוא לאחר זמן איסורו. ואז אין החמץ ברשותו. כי כבר נהגו שלא לבטל עד אחר שנשרף. ודע עלי המעשה לנהוג קולא בדבר כזה. ובפרט במצוה שאינה באה לאדם אלא פעם אחת בשנה. ע"כ בני הזהרו מאד להשכים בבוקר בבוקר וזריזים מקדימין למצוה. ומכם יראו העולם וכן יעשו. ותהיו זוכים ומזכים את הרבים. עכ"ל:

ובן כתב הקה"י בכ"ל פרק ג'. וכתב שם והתחלת היום הוא מעמוד השחר. ועמוד השחר הוא כשהרקיע מתחיל להאיר קו לבן מצד מזרח מתוח לארכו בין צפון לדרום. וזהו עמוד השחר. כ"כ מרמב"ם ותוי"ט. ורבים בעוה"ר מקילים מאד כו'. וזהו בדוק ומנוסה ויש קבלה בידי מרבותי מי שמיקל לאכול חמץ אחר ד' שעות לא יפטיר מסיבה גדולה בזה השנה. ואפי' אם לא יעבור עליו שום סיבה בזה השנה אזי יש לו לדאוג יותר. כי בודאי מאספים עליו עונשים קשים להאבידו בפעם אחת מהעולם באיזה סיבה רעה. ע"כ כל איש הירא והרד לדבר ה' ישכים בהשכמה כדי שלא יהיה נכשל ח"ו באכילת חמץ אחר ד' שעות על היום. עכ"ל בקיצור:

ומתפללין בהשכמה. וא"א מזמור לתודה. ולא למנצח. ולא אא"א:

הנהגת ע"פ יום י"ד ניסן

הבכורים מתענין בע"פ וכשחל בשבת מתענין ביום ה'. ובסעודת ברית מילה או פדה"ב נהגו להקל:

מותר לאכול חמץ כל ד' שעות שהוא שליש היום. ומתחלת שעה חמישית אסור לאכול ומותר בהנאה. ומתחלת שעה ששית אסור נ"כ בהנאה. ובשנת העיבור שהיום ארוך מותר לאכול חמץ עד שליש היום אף שהוא יותר מד' שעות. ומשבים מעלות השחר עד צאת הכוכבים:

בסוף שעה חמישית קודם שהגיע שעה ששית יעשה לו מדורה בפ"ע וישרפנו ויבטלנו ויאמר זה בש"ע:

הריני מוכן ומזומן לקיים מצות עשה ולא תעשה של שריפת חמץ לשם יחוד קודשא בריך הוא ושכינתיה על ידי ההוא טמיר ונעלם בשם כל ישראל:

כָּל חֲמִירָא וַחֲמִיעָא דְּאִכָּא בִרְשׁוּתִי (דַּחֲזִתֵּיהּ וּדְלָא חֲזִתֵּיהּ) דַּחֲמִתֵּיהּ וּדְלָא חֲמִתֵּיהּ דְּבִעַרְתֵּיהּ וּדְלָא בִעַרְתֵּיהּ לִבָּטֵל וְלֶהֱוֵי הֶפְקֵר כְּעַפְרָא דְאַרְעָא:

יהרהר בתשובה ויפשפש במעשיו. ויתבונן ככה יבוער היצה"ר. ולא יראה ולא ימצא עוד אצלנו. ובספר זכרון לציון כתב שראוי לומר תפלה זו לביעור חמץ בשעת שריפת החמץ:

יהי רצון מלפניך ה' אלהי ואלהי אבותי כשם שאני מבער חמץ מביתי ומרשותי כך ה' אלהינו ואלהי אבותינו תבער כל החיצונים ואת רוח הטומאה תבער מן הארץ ואת יצרנו הרע תבערהו מאתנו ותתן לנו לב בשר וכל הרשעה כעשן תכלה ותעביר זדון מן הארץ וכל המעיקים לשכינה תבערם ברוח בער וברוח משפט כשם שבערת את מצרים ואת אלהיהם בימים ההם ובזמן הזה אמן:

אסור

סדר בדיקת חמץ

המנהג להניח פתיתי חמץ קשה זמן מה קודם הבדיקה כדי שימצאם הבודק ועפ"י הקבלה יש להניח עשרה פתיתין. וקודם שיתחיל לבדוק יברך:

בָּרוּךְ אַתָּה יְהֹוָה אֱלֹהֵינוּ מֶלֶךְ הָעוֹלָם אֲשֶׁר קִדְּשָׁנוּ בְּמִצְוֹתָיו, וְצִוָּנוּ עַל בִּעוּר חָמֵץ:

צריך לחפש לאור הנר בכל המחבואות גם בסדקים שבקרקע. ולא ידבר בין הברכה לתחלת הבדיקה אפילו מענייני הבדיקה ונכון שלא ישיח שלא מענייני הבדיקה כל זמן בדיקתו ויעמיד בני ביתו אצלו לשמוע הברכה שיבדקו איש במקומו ולא ישיחו בינתים ויזהרו לבדוק תחלה בחדר הסמוך למקום ששמעו הברכה ולא ילך לבדוק תיכף אחר הברכה לחדר אחר. ואחר הבדיקה יזהר בחמץ שמשייר להצניעו למחר לשרפה או לאכילה למחר שלא יוליכוהו אנה ואנה שלא יתפרר ויתגרר ממנו ע"י התינוקות או עכברים. גם צריך לבטל אחר הבדיקה ויאמר:

כָּל־חֲמִירָא וַחֲמִיעָא דְּאִכָּא בִרְשׁוּתִי דְּלָא חֲמִיתֵהּ וּדְלָא בִעַרְתֵּהּ וּדְלָא יְדַעְנָא לֵיהּ לִבָּטֵל וְלֶהֱוֵי הֶפְקֵר כְּעַפְרָא דְאַרְעָא:

ביום י"ד בשעה ה' יעשה לו מדורה בפני עצמו וישרפנו ויבטלנו ובביטול היום יאמר:

כָּל־חֲמִירָא וַחֲמִיעָא דְּאִכָּא בִרְשׁוּתִי דַּחֲזִיתֵהּ וּדְלָא חֲזִיתֵהּ דַּחֲמִיתֵהּ וּדְלָא חֲמִיתֵהּ דְּבִעַרְתֵּהּ וּדְלָא בִעַרְתֵּהּ לִבָּטֵל וְלֶהֱוֵי הֶפְקֵר כְּעַפְרָא דְאַרְעָא:

יש לשרוף עשרה פתיתין ובשעת שריפת החמץ יאמר זה:

יהי רצון מלפניך ה' אלהינו ואלהי אבותינו כשם שאני מבער חמץ מביתי ומרשותי כך תבער את כל החיצונים ואת רוח הטומאה תעביר מן הארץ ואת יצרנו הרע תעבירהו מאתנו ותתן לנו לב בשר לעבדך באמת וכל ס"א וכל הקליפות וכל הרשעה בעשן תכלה ותעביר ממשלת זדון מן הארץ וכל המעיקים לשכינה תבערם ברוח בער וברוח משפט כשם שבערת את מצרים ואת אלהיהם בימים ההם בזמן הזה אמן סלה:

THE ORDER OF THE SEARCH FOR CHAMETZ

It is the custom to place pieces of hard bread [in various places around the house] before the search for chametz so that the one who searches will find them. According to the Kabbalah, ten pieces are to be placed. Before beginning the search, the following is said:

ברוך Blessed are You, Lord our God, King of the universe, who has sanctified us with His commandments and commanded us concerning the removal of *chametz.*

One is to search by candlelight all hidden places, even cracks in the floor. He should not speak between the berachah and the beginning of the search even concerning the search itself. It is proper not to speak about other matters during the entire search. Members of the household should stand near him to hear the berachah *and each one search his own place, not speaking in between. They should first search the room nearest to where they heard the* berachah *and not go to another room immediately after the* berachah. *After the search, he should carefully put the chametz that is left in a safe place until the next day when it is eaten or burnt, in order that it not be carried about and thereby crumbled and spread by children or rodents. After the search, he should nullify [the* chametz *he may have overlooked], and say:*

כל All leaven or anything leavened which is in my possession, which I have neither seen nor removed, and about which I am unaware, shall be considered naught and ownerless as the dust of the earth.

On the fourteenth day of Nissan, at the fifth hour[1] of the day, one should make a fire and burn the chametz, *nullify it and say:*

כל All leaven or anything leavened which is in my possession, whether I have seen it or not, whether I have observed it or not, whether I have removed it or not, shall be considered naught and ownerless as the dust of the earth.

The ten pieces of chametz are to be burnt and while doing so the following is said:

יהי May it be Your will, Lord our God and God of our fathers, that just as I remove the *chametz* from my house and from my possession, so shall You remove all the extraneous forces, purge the spirit of impurity from the earth, eradicate our evil inclination from within us and grant us a heart of flesh to serve You in truth; and all the *sitra achrah* and all the *kelipot* and all the wickedness destroy in smoke and abolish the rule of evil from the earth; and all those who distress the *Shechinah* remove with a spirit of destruction and of judgment just as You annihilated Egypt and its idols in those days, at this time. Amen. Selah.

1. See *Shulchan Aruch HaRav, Orach Chayim* 443:4.

כך עורכים סדר

יש להכין את שולחן הסדר מבעוד יום. את ה״חסה״ שלוקחים למרור, יש לבדוק היטב מבעוד יום, באופן יסודי, אם הוא לא מתולע. באם רואים שעלי החסה מתולעים, רצוי לתלוש אותם ולהשתמש רק עם הקלח למרור. לא לשכוח, כמובן, לעשר אותו תחילה.

אחרי תפילת ערבית ואמירת הלל חוזרים הביתה ברגשי חדוה ומתכוננים לעריכת הסדר. לפעוטים מחלקים אגוזים כדי לעורר בהם הרגשת-שינוי וישאלו על מהות החג. מכינים מקומות-הסיבה נוחים כדי שיאכלו את המצה וישתו ארבעת הכוסות תוך הסבה נוחה והרגשת חרות. שמים 3 מצות-שמורה על השולחן, כשהן מכוסות (נוהגים לקחת קערה מיוחדת לשם זה); שמים על הקערה לפי הסדר הבא (בצורה סגולית): **זרוע, ביצה** — מלמעלה ומתחתם באמצע **מרור**; למטה מהם: **חרוסת, כרפס** ומתחתם, באמצע, **חזרת**.

גם הנשים חייבות בכל מצוות ליל הסדר, כמו: **אכילת מצה** ומרור, שתית ארבע כוסות ואמירת הגדה. במיוחד עליהן לומר, או לשמוע, הפיסקה של ההגדה: ״רבן גמליאל היה אומר, כל שלא אמר שלושה דברים אלו בפסח, לא יצא ידי חובתו, **ואלו** הן: פסח, מצה ומרור וכו׳״ — שזה עיקר ההגדה.

גם את הילדים צריכים לחנך למצוות הסדר: **לשאול ״מה נשתנה״** בהבנה, לאכול מצות, שתיית יין, אמירת ההגדה. כמובן שעל ראש המשפחה להסביר להם, לפי השגתם, את ענין סיפורי יציאת מצרים ולהחדיר בתודעתם את ההכרה שהם חלק מעם ישראל שזכה לחרות מאת הקב״ה.

עושים קידוש, שותים את היין של הכוס הראשון בהסבה; נוטלים ידים בלי ברכת ״על נטילת ידים״; אוכלים כרפס-ירק שברכתו ״בורא פרי האדמה״ — לאחר טבילתו במי מלח; **לוקחים** את המצה האמצעית (מבין שלושת המצות שעל השולחן) ופורסים אותה לשנים: את המחצית הגדולה טומנים במפה נקיה

לצורך ה״אפיקומן״ (שעומדים לאכול אותו לפני ברכת המזון), ומחציתה הקטנה משאירים בין שתי המצות השלימות.

מגלים קצת המצות שעל הקערה, מרים אותן לרגע ומתחיל בשמחה וברגש קודש באמירת ההגדה: **הא לחמא עניא** וכו׳; מוזגים את הכוס השני, והבנים שואלים לאבא: ״מה נשתנה״, וכולם יחד אומרים ״עבדים היינו״ וכו׳ — לפי סדר ההגדה. כאן המקום לראש המשפחה להעלות רעיונות מתוך פרשת גלות ישראל במצרים וגאולתנו הפלאית. בגמר אמירת ההגדה, בברכת ״גאל ישראל״, שותים את הכוס השני בהסיבה.

נוטלים שוב ידים לסעודה בברכת ״על נטילת ידים״ ומקיימים מצות אכילת מצה: נוטל את המצות בידו, היינו העליונה והתחתונה (לשם לחם-משנה) והאמצעית הפרוסה (לשם לחם עוני), מברך ״המוציא לחם מן הארץ״; שומט מידו את המצה התחתונה ומברך ״על אכילת מצה״; לוקח חלק מהמצה העליונה וחלק מהמצה הפרוסה ואוכל בהסבה 2 ״כזיתים״ (כזית — לא פחות מ-27 גרם) במשך 4 דקות. אסור לשוחח מאומה עד גמר אכילת המצה. אם אין מספיק בשביל 2 כזיתים אלו, מתוך המצות הללו — יכול, כמובן, להשלים מתוך מצות-שמורה אחרות שיש להכין מראש.

אסור, לכתחילה, לשרות את כזית המצה במים. אך, אם אי אפשר לו לאכול אחרת, בשיעור הדרוש, יצא גם במצה שרויה. יש להזהר שלא לאחר באכילת מצה אחרי חצות הלילה. ראש המשפחה, בגמרו לאכול את המצה, מחלק את המצה לבני המשפחה.

לוקחים כזית מרור, כשהוא טבול בחרוסת, ומברכים ״על אכילת מרור״ שלא בהסבה. חלשים, שאין ביכולתם בשום אופן לאכול את המרור בשיעור ובזמן הדרוש (4 דקות) — לא יברכו על אכילת מרור, אלא יאכלו קצת מרור בלי ברכה. טוב שאיש אחר, האוכל את המרור כדין, יוציא אותם בברכתו.

לוקח כזית מהמצה התחתונה, יחד עם כזית מרור, בתור ״כורך״, ואוכלה ביחד בהסבה, ואומר: ״זכר למקדש כהלל״ וכו׳.

עם גמר כל האמור — עורכים את השולחן, **אוכלים ושותים** כברכת ה׳ עליהם. **יש להזהר שלא לאכול יותר מדי בסעודה זו,**

כדי שיוכלו לאכול את האפיקומן בקצת תיאבון.

עם תום הסעודה, אוכלים כזית מהאפיקומן (מחצית המצה שטמנו לפני אמירת ההגדה). כשאין מספיק לחלק לכל אחד כזית אפיקומן לוקח למטרה זו מיתר מצות השמורה. לאחר אכילת האפיקומן — לא יאכל שום דבר.

מוזגים כוס שלישי, שהוא גם כוס ברכת המזון. (לא לשכוח ״רצה והחליצנו״ ו״יעלה ויבוא״). לאחר ברכת המזון שותה את הכוס השלישי בהסיבה.

מוזגים כוס רביעי. כאן מוזגים גם כוסו של אליהו, המרמז על אמונתנו הצרופה בהופעת אליהו הנביא זכור לטוב לבשרנו על ביאת משיח צדקנו: פותחים את הדלת, להראות שהלילה הוא ליל שמורים ואומרים ״שפוך חמתך״, הלל וכו׳. מברך על הכוס הרביעי ושותה בהסיבה, אומר ברכה אחרונה (ברכת על הגפן).

בתום עריכת הסדר אין לשתות רק מים או תה.

(לפי ״פרדס ההגדה״)

Grains and Vegetables to use in Passover

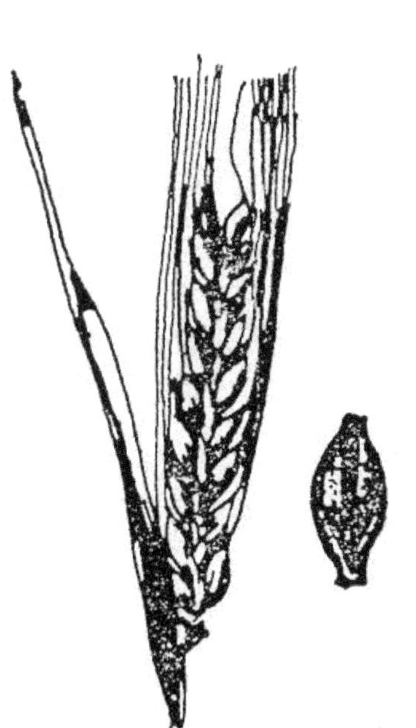

BARLEY
Hordeum Vulgare
שְׂעוֹרָה

WHEAT
Triticum Aestivum
חִטָּה

אֵלּוּ דְבָרִים שֶׁאָדָם יוֹצֵא בָהֶן יְדֵי חוֹבָתוֹ בַּפֶּסַח, בְּחִטִּים, בַּשְּׂעוֹרִים, בְּכֻסְּמִין וּבְשִׁיפוֹן וּבְשִׁבֹּלֶת שׁוּעָל.

פסחים פרק ב׳ משנה ה׳

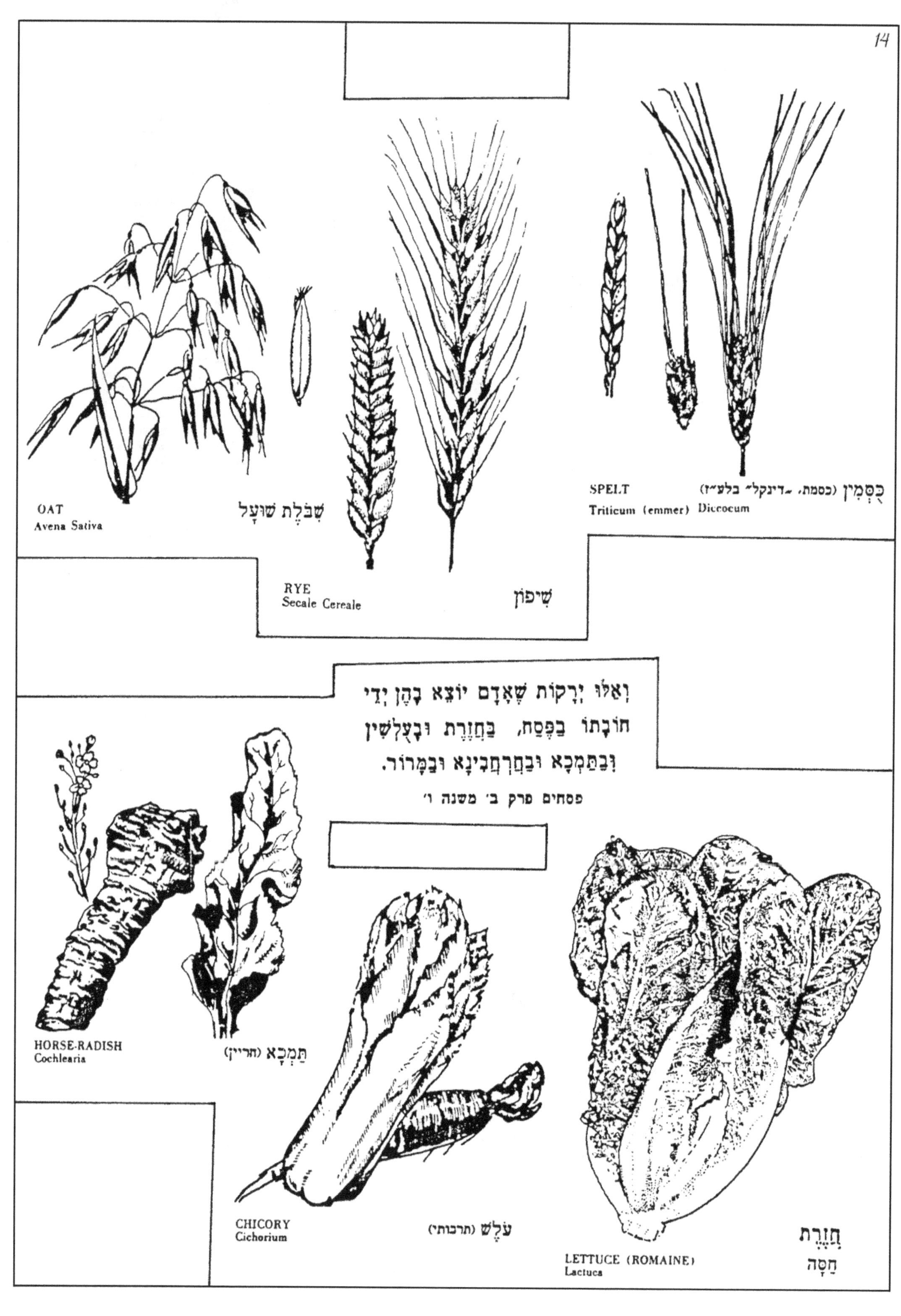
OAT
Avena Sativa
שִׁבֹּלֶת שׁוּעָל
RYE
Secale Cereale
שִׁיפוֹן
SPELT
Triticum (emmer) Diccocum
כֻּסְּמִין (כסמת, "דינקל" בלע"ז)
וְאֵלּוּ יְרָקוֹת שֶׁאָדָם יוֹצֵא בָהֶן יְדֵי
חוֹבָתוֹ בְּפֶסַח, בַּחֲזֶרֶת וּבְעֻלְשִׁין
וּבְתַמְכָא וּבַחַרְחֲבִינָא וּבְמָרוֹר.
פסחים פרק ב' משנה ו'
HORSE-RADISH
Cochlearia
תַּמְכָא (חריין)
CHICORY
Cichorium
עֹלֶשׁ (תרבותי)
LETTUCE (ROMAINE)
Lactuca
חֲזֶרֶת
חַסָּה

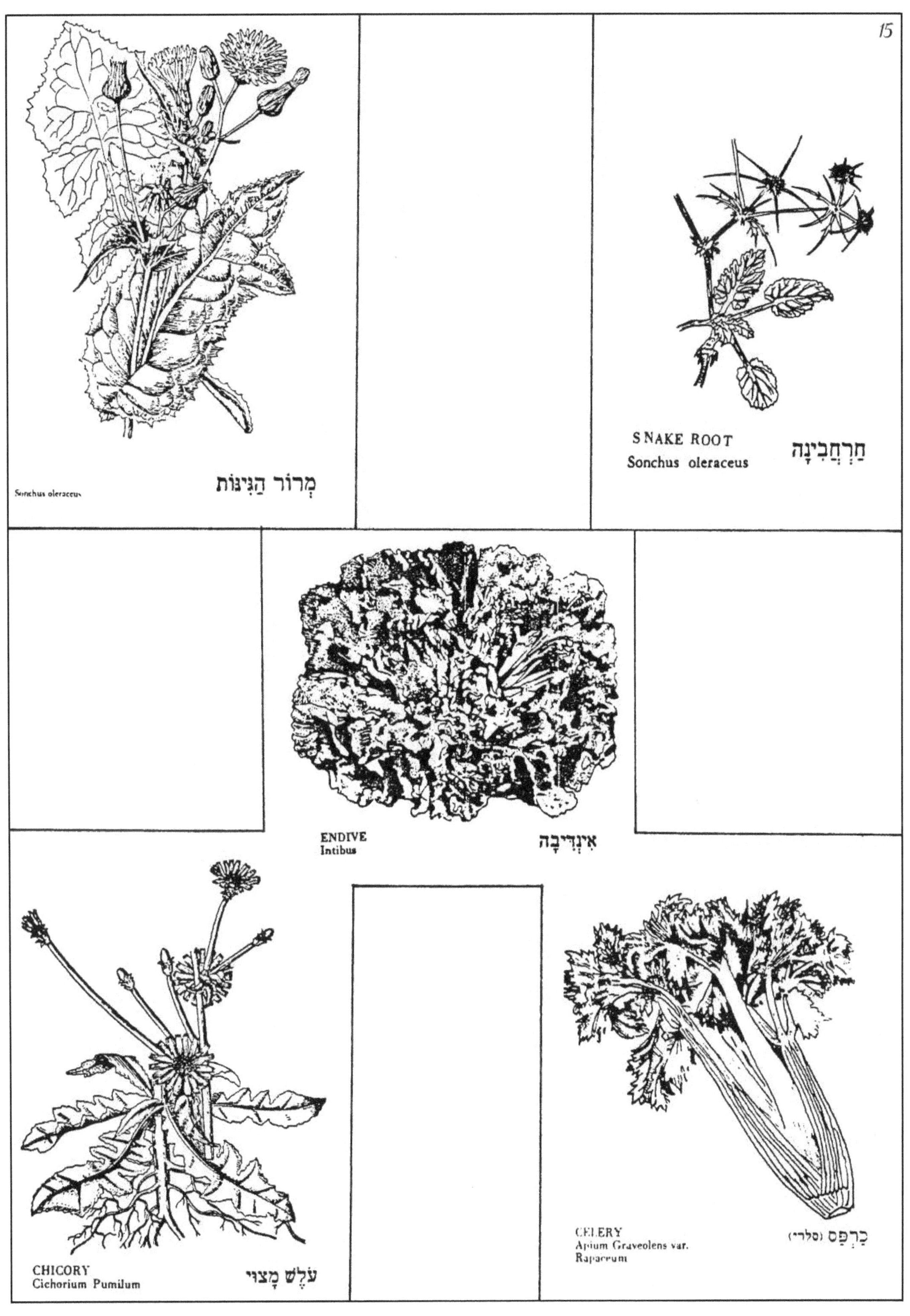
Sonchus oleraceus
מְרוֹר הַגִּינּוֹת
SNAKE ROOT
Sonchus oleraceus
חַרְחֲבִינָה
ENDIVE
Intibus
אִינְדִּיבָה
CHICORY
Cichorium Pumilum
עֹלֶשׁ מָצוּי
CELERY
Apium Graveolens var.
Rapaceum
כַּרְפַּס (סלרי)

Dear friends, Soyez les bienvenus, Beroukhim Habaim. Welcome.

Very happy celebration to all present and absent.
May Freedom inhabit all the hearts and minds of all mankind.

THIRTY-ONE centuries ago the first Passover was celebrated in Egypt. Tonight we are here together to once again celebrate this holy holy festival. Be welcome from the heart that loves you.

PASSOVER falls in spring, in the first month of the Hebrew year, called NISAN, and lasts for eight days.

It commemorates the deliverance of the Hebrews from Egypt and the fact that GOD passed over their/our houses when he smote the first born in that land.

Passover was not always what it is today. In Biblical times it was distinguished by a far more primitive ceremonial.

Between dust and dark, on the fourteenth day of the month each household publicly slaughtered a yearling lamb or goat selected four days earlier. Then they smeared its blood on the doorposts and lintels of their dwellings.

At night in the light of the full moon, each family ate the slaughtered beast, roasted whole, together with the unleavened bread (matsah) and bitter herbs. The meal had to be eaten in haste, and nothing was permitted to remain over in the morning.

What was not eaten had to be burned. The eating of the unleavened bread continued for seven days, during which period all leavened food was forbidden. The entire celebration was therefore known popularly as the feast of unleavened bread.

AMONG the Israelites, this ancient time-honored festival came to acquire a new meaning. It was on Passover festival that their ancestors had departed from the bondage of Egypt; and it was just because they had so religiously observed the rite of smearing blood on their doorposts that GOD had been able to recognise their houses and spare them when he smote the first born of that land.

The festival was therefore continued as a perpetual reminder of that great deliverance.

In later times,when public worship in Israel came to be concentrated in the temple, families living near Jerusalem brought their paschal lambs to that spot to be slaughtered.

In 70 A.D, however, the Temple was destroyed, and sacrifices came to an end. The paschal rite therefore fell into abeyance. But the eating of unleavened bread was continued ; and, as a memorial of the ancient rite, it was eaten especially, together with bitter herbs, at a home ceremony on the evening of the fourteenth day of the month. At the same time the story of the exodus was told.

And this is how we celebrate the festival today. Our home ceremony is called the " SEDER "- a Hebrew word meaning "ORDER OF THE SERVICE", while the accompanying recital is known as the "HAGGADAH", or "STORY" - a name derived from the words of the Biblical commandment :

" ON THAT DAY THOU SHALT TELL THE STORY TO THY SON, SAYING, THIS IS BECAUSE OF THAT WHICH THE LORD DID FOR ME WHEN I CAME FORTH OUT OF EGYPT."

**** The flamed letters of the Holy Name rising from the bush.

A page from an old Haggadah.

ו

סדר ליל פסח

כשיבא מבה"כ בליל א' של פסח שצריך לראות דרך שמחה וברכה. אז לבשו ולא יותר. וכאשר כל המנהגים אם שנפל טעמם כשלא אנלנו כמצות אנשים מלומדה. גם זה כשאר אנלנו ללבוש הקיטל בשני זמנים אלו. והכל משפט שמחה. וא"כ דברי הש"ך דחוים. ומנהגן של ישראל תורה הוא. כיון שהלבישה אינה אלא להתנאות. ואבל בלא"ה אסור ללבוש בגדי שבת ויו"ט כפי המנהג. ודאי גם בפסח ויו"ט אסור וכן המנהג. והמג"א לאסר ראה המנהג כן רצה לסמכו לטעם שאת כנגדו:

סדר הקערה לפי מנהג רבינו הקדוש האריז"ל

סדר השולחן נכון שיהיה מסודר מבעוד יום כדי שיעשה הסדר תיכף כשיבא מבית הכנסת ונכון שיהיה השולחן של ד' רגלים ואת עליו ומפה לבנה ועליו מפה פרוסה ותורך השולחן ורחבו כמו בשבת ויהיה אחוריו לצפון ופניו נגד פני הנרות ויכין מלח:

כתר	חכמה בינה
	ג' מצות
חסד	גבורה
זרוע	ביצה
	תפארת
	מרור
נצח	הוד
חרוסת	כרפס
	יסוד
	חזרת
והקערה	מלכות

סדר הקערה יהא כסדר הזה. והוא שיקח שלש מצות שמורות ומניח הכהן למעלה ותחתיו לוי ותחתיו ישראל. ויקח מרור וכרפס וחרוסת ושני מיני תבשיל זרוע וביצה מטובלים דוקא ומניח את התמשה דברים למעלה על השלש מצות דהיינו זרוע בימין שלו וביצה בשמאל שלו מרור באמצע בין הזרוע והביצה. והחרוסת יניח בקו הימין שלו. החזרת יניח למטה מן המרור בקו האמצעי והוא כדי לעשות אח"כ כריכה עם החזרת ולא ישנה מזה הסדר:

מנהגי הגאון החסיד רבינו אליהו מווילנא ז"ל לסדר של פסח

והא לך סדר הקערה כפי מנהג הגר"א ז"ל.

מרור	חרוסת
	ב' מצות
זרוע	ביצה

מוזגין את הכוס ומקדש ונוטלין לידים ומברך על נטילת ידים. וטובלין בחומץ ומברך בורא פרי האדמה ואוכלין כזית ואינו מברך ברכה אחרונה. ואח"כ מביאין הקערה עם המצות מגולין ומסודרות ב' מצות. מרור. וחרוסת. זרוע. וביצה. ובוצע ומטמין לאפיקומן ונשאר פרוסה ושלימה והפרוסה מלמעלה. ומניח הביצה והזרוע תחת השלימה והמצה מכסה אותם ומרור וחרוסת מלמעלה ומגביה הקערה בעצמו ואומר הא לחמא וכולם שומעין. ונוטלין הקערה מעל השלחן ומוזגין הכוס. ושואלין מה נשתנה ואומר הגדה וכולן שומעין. וכשמגיע לעשר מכות נותנין לו כלי והוא שופך י' פעמים וכן לדצ"ך כו' שופך שלשה פעמים. וכוס שלו משופשף בכוסית של ב"כ וכוסו באמצע. וכשמגיע למצה זו מביאין הקערה ואומר עד אשר גאלנו ומכסין הקערה ואומר אשר גאלנו. ומברך בפה"ג ושותה הכוס ואח"כ מגלין פני הכלה לאחר ז' ברכות. יק"ז. ענמ"י. בפה"א. אשר גאלנו היא ברכת שבעה נסים ט'. ובפה"נ על כוס ב'. ונוטלין לידים ומברך ענט"י

והמוציא ואכילת מצה על הפרוסה ובוצע שניהם ואוכלין מרור מרוסק כזית ושיעורו (חצי) ביצה שקועה בחרוסת. וכן הכריכה שוקעין בחרוסת. ואח"כ אוכלים הביצים. וטעם האכילה לא מאכילות ח"ו להזכיר אבילות ט"ב כיום רק שהוא זכר לחגיגה שאלו אין לאכול בפסח זכר לפסח רק בשר זכר לפסח וביצים זכר לחגיגה. ואח"כ אוכלין אפיקומן כזית א'. ודוקא קודם חצות אבל הלל אין הקפד אם הוא לאחר חצות. הכוס שלו משפשף לבהמ"ז. שפוך חמתך. הלל. ואינו אומר יהללוך כלל רק הודו ונשמת וישתבח ומסיים בברכת ישתבח:

שלה הק' אחר התפלה יחזור לביתו ויתנהג היא ואשתו וב"ב כבני מלכים. ויכינו כלי כסף וכלי זהב. בגדי משי ורקמה מכל מה שהגיע ה'. והכל כדי להראות לכל שמחת לבו בחסדו הגדול. קדושת לילה זו וכל הדינים הנוהגים בה קדושה רבה מאד. כי אז בחר בנו הקב"ה מכל העמים וקדשנו במצותיו ע"כ ראוי לאדם להיות נזהר שלא ידבר בלילה זו שום שיחה מבטלת חולין ויזהיר לבני ביתו ע"ז ולא יהיו נפרדים מדביקות הש"י רק יתעסקו במצות הלילה ובסיפורי נסי מצרים ולפרסמם לב"ב:

רמזי הסדר מהגאון מהר"ם אלשיך הקדוש ז"ל

קדש רמז לקדש עצמו במותר לו. ורחץ רמז למ"ש רחצו הזכו. כרפס אותיות בף רש לרמוז כי לעצמך תאמלם אך נגד המלא כפו. יחץ שהוא פרוס המצה תליה לו והניח לצפון רמז שמה שפירס ממנו לרעב נצפן הוא לו הזכות לעוה"ב. מגיד רחצה שתהיה זוכה ומזכה לאחרים שיטיבו. מוציא מצה שתהי' מוציא הס"ם יצה"ר מצה היפך החמץ שהוא היצה"ר ואין בין חמץ למצה אלא הפסק מבהו באות ה' [ורמז לחמץ לאסור בתשובה]. מרור הוא היצה"ר. כורך תהי' כורך היצ"ט עם היצה"ר לעבוד את ה' כמ"ש בכל לבבך בשני יצריך. שלחן עורך תזכה להיות בג"ע לאכול טוב עוה"ב. צפון [רמז שיהא מעביר הטובים לפניהם ויזכה לרב טוב הצפון לצדיקים] כמ"ש מה רב טובך אשר צפנת ליראיך. ברך הלל נרצה ותזכה לברך לה' הלל של חירות שיפך הלל שמגיעכם שהוא יפה דית ט' שההלל בנג"ע הוא הגאלה:

קדש

סדר הקערה לפי הקדוש האר"י

ג' מצות (כהן, לוי, ישראל)

סדר הקערה לפי דעת רבינו הגר"א

PASSOVER SYMBOLS.

The traditional SEDER plate will be on the table.

It contains :

1. Three pieces of MATSAH, — each cloth covered, symbolic of the bread carried out of Egypt.
2. MAROR, — THE BITTER HERBS, symbolic of the bitterness of slavery.

   Horseradish can be used.
3. HAROSET, — dish made out of chopped apples, almonds, and raisins, seasoned with cinnamon and made into a paste with sweet wine, and spices. Symbolic of the mortar used by slaves to make bricks.
4. A ROSTED SHANKBONE OF LAMB, OR OTHER. — Symbolic of the lamb sacrificed by those choosing to make the exodus. Meatless bone.
5. HARD BOILED EGG, — Symbolic of the festival offering at the Temple of Jerusalem. Circle of Creation,Female aspect of all beings.
6. KARPAS, — A green vegetable, celery, lettuce, or sprigs of parsley. Symbolic of spring, the dawn of celebration of life.

ALSO ON THE TABLE :

- CANDLES, — Symbolic of the Light of Freedom and Justice and Love.
- WINE, — Symbolic of holiness and joy to recall the departure from Egypt.
- SALT WATER, — Symbolic of tears of slavery.
- CELEBRANTS, — Symbolic of the GOD in whose image we are all created, dwelling in us both in male and female aspects of our beings.

La Vie Juive au Maroc

הגדה בתרגום ערבי־יהודי
תשכ"ג / 1963
הס:פר : הרב חותא מצפרו

כתב־יד על נייר
הגובה : 14.5 ס"מ ; הרוחב : 10.5 ס"מ
אוסף יששכר בן־עמי, ירושלים
(134)

135 84

From the Israel Museum Exibit on JEWISH LIFE ON MOROCCO.

Jerusalem, Israel.

Summer 1973.
Catalogue # 103.

צלחות לסדר פסח — "ציניא די פיסח"

קאזאבלאנקה ; תר"צ / 1930
בשוליים כתובת : "מועדים לשמחה, חגים וזמנים לששון. לשנה הבאה — ציון ציון — בירושלים תוב"בא" ; במרכז כתובת : "ג מצות זרוע ביצה מרור חרוסת כרפס חזרת קערה"

פליז ; מעשה ריקוע ; הכתובות והעיטור הם מעשי חקיקה וטביעה
הקוטר : 46 ס"מ
אוסף יוסף לוגאסי, ירושלים
(135)

סימן לסדר של פסח

ORDER OF THE SEDER SERVICE

SANCTIFICATION	קדש
LAVE THE HANDS	ורחץ
'KARPAS'	כרפס
DIVISION OF THE MIDDLE MAZZAH	יחץ
RECITAL OF THE HAGGADAH	מגיד
LAVING OF THE HANDS	רחצה
BLESSING OVER BREAD	מוציא
BLESSING OVER THE MAZZAH	מצה
BITTER HERB	מרור
MAZZAH WITH BITTER HERB	כורך
THE MEAL	שלחן עורך
EATING OF THE APHIKOMAN	צפון
GRACE	ברך
HALLEL	הלל
ALL ACCEPTED!	נרצה

שויתי יהוהאדניה יאהדונהי לנגדי
תמיד

Speaker :

WELCOME TO THE FEAST OF FREEDOM.

Every year each one of us must find a way to personally experience liberation, together with a harmonious group of attuned beings in order to enhance the urgency to feel deeply the true meaning of freedom and liberation from slavery in our daily life.

The intention of the Haggadah is to provide a setting for the experience. We begin with myth and history, the ageless symbols of our people's struggle against tyranny in the land of Egypt.

But each of us has had his or her own Egypt. We have all been slaves, Pharoah, Moses, Israel. Each of us has struggled through many an Exodus ever closer to our own Sinais.

We begin with **the** past, but our SEDER makes a place for the wide variety of personal histories brought to the Seder. And it seems to tap the uniqueness of these histories to give full flavor to the collective experience of the group.

As in ancient days, we continue to invoke the power which is beyond our rational understanding, and which is essential to all liberation.

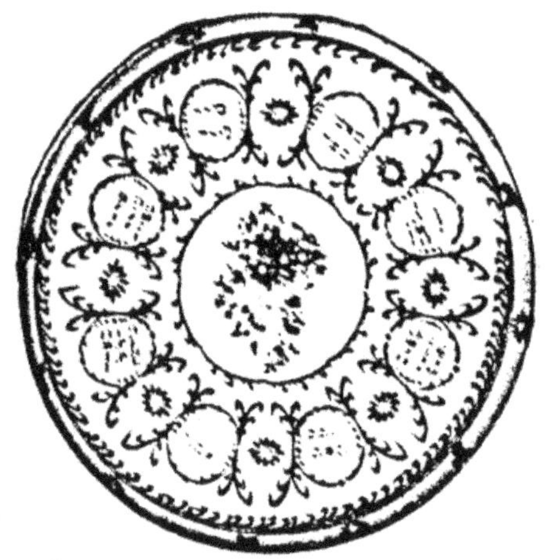

Our Haggadah offers a framework for a symbolic experiential journey which is travelled in five parts:

1. THE SLAVE PLACE.
2. THE PLACE OF BEING SUMMONED TO LIBERATION.
3. THE PHAROAH PLACE.
4. THE PLACE OF CHOICE.
5. THE PLACE OF LIBERATION AND CELEBRATION.

After narrating each event from the Bible, we will pause for a few moments in silence, perhaps close our eyes, go to that chamber within ourselves. Then, if we feel like sharing our feelings with one another, we can do so.

The sharing can be verbal, a spontaneous poem, or a heart murmure, a song for the occasion, an action towards any one present, or absent, an invocation for someone, or an event according to the place we explore, however we can best share our experience.

We suggest each period of sharing last from ten to fifteen minutes.

Each place, chamber, will be marked by a blessing over a cup of wine, to recognize and sanctify each space within us.

Because each person here will be attempting to symbolically experience liberation each will have questions, and each will have answers to draw from the collective well of wisdom and tradition.

Traditional Haggadahs contain many footnotes & commentaries on the story of the Exodus, written from the perspective of Rabbis and editors. They are replete with extensive commentary about the past sages and what Rabbis had to say concerning the event. For tonight's Seder there is no editor; the perspective is everybody's. We are all the sages, editors, authors creating our journey from the slavery of oneself to the liberation and celebration of oneself.

Together we will begin our SEDER tonight with the conscious intention to reflect and share, sing and tell stories.

MAY THE SOURCE AND THE CENTER OF THE UNIVERSE INHABITING US GUIDE US THROUGH THIS HOLY JOURNEY WITH THE FIVE STATIONS OF MEDITATION, CELEBRATION AND REALIZATION OF THE TRUE MEANING OF SLAVERY AND FREEDOM AND LIBERATION.

With the agreement of all present, let us begin.

CANDLE LIGHTING.

BLESSED ART THOU, CENTER AND SOURCE OF THE UNIVERSE..
WHO PROVIDES US WITH THE LIGHT OF THIS HOLY MOMENT
TO GUIDE US TO LIBERATION.

* Light the candles and reflect on the source of light in every being created by the joy of being and becoming.

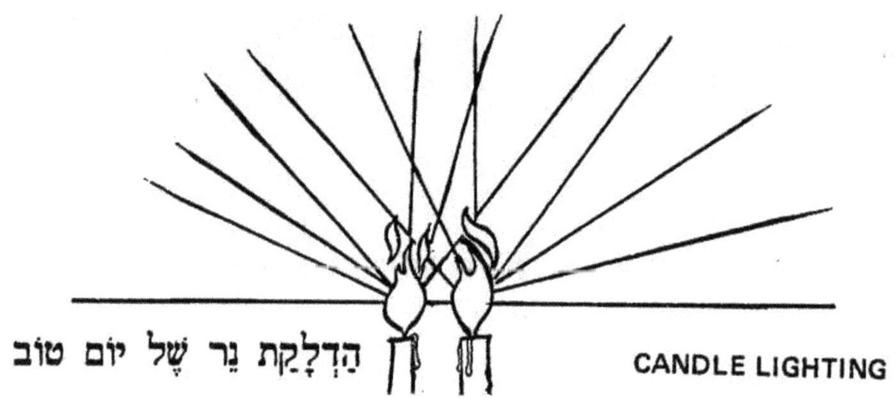

Let us meditate for a moment on the meaning of LIGHT, that surrounds us and all mankind.
May the Light of understanding be present in our heart, and the light of the Holy Shekhina guide us to live harmoniously in nature with all beings.

* A * M * E * N *

LAVE THE HANDS

WASHING

נוטלים ידים ומברכים:

Wash the hands and bless:

בָּרוּךְ אַתָּה יְיָ אֱלֹהֵינוּ מֶלֶךְ הָעוֹלָם אֲשֶׁר קִדְּשָׁנוּ
בְּמִצְוֹתָיו וְצִוָּנוּ עַל נְטִילַת יָדָיִם:

Blessed art Thou, O Lord, our God, King of the Universe, who sanctified us by His commandments and commanded us concerning the washing of the hands.

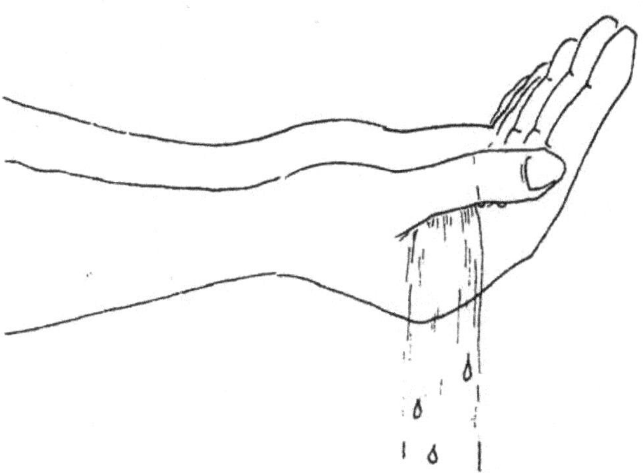

Washing the hands with intent for purification of mind and heart.
and say " MAY THIS CLEANSING OF HANDS BE ACCEPTED BEFORE THEE
AS AN ACT OF PURITY IN ALL MY BEING. AND MAY ALL
BEINGS BE CLEANED BEFORE THEE AT THIS MOMENT.
SO BE IT. . *A * M * E * N * .

A KABBALISTIC DEVOTION.

Together : -

Here and now I stand ready and prepared to fulfill the Mitsvah--(GOOD WORK), the en-join-ment of my liberator to recite the Haggadah, the telling of the going forth from bondage, as it says in the Torah, (the law).

" AND YOU SHALL EXPLAIN TO YOUR CHILD ON THAT DAY,
IT IS BECAUSE OF WHAT THE LORD DID FOR ME WHEN
I WENT FREE FROM EGYPT. " (Exodus 13:8.)

And I do this in order to unify the Holy ONE, Baruch ha-Shem, active and uncontainable spirit, with His SHEKHINAH, who is passive and contained in matter.

I unite these two into ONE by means of That, which is hidden and concealed, and I do this in the name of all Israel and all humankind.

With the uttering of these letters YOD, SHIN, REISH, ALEPH, LAMMED. IT IS DONE.

I tell of the liberation from Egypt to prepare for the revelation at mount Sinai. For one must break the chains of the union of slave to false master in order to make possible the TRUE UNION with the DIVINE, as it teaches in the Torah,

" FOR MINE ARE THE CHILDREN OF I S R A E L . "

And it also teaches,

" YOU SHALL LOVE THE LORD YOUR GOD WITH ALL YOUR HEART, WITH YOUR ENTIRE SELF, WITH ALL THE VERY ESSENCE OF YOUR BEING. "

DIVISION OF THE MIDDLE MAZZAH

The celebrant breaks the middle matzah into two and hides one half to serve as the Aphikoman.

ההגדה

פסח

ההגדה של פסח משמשת אף היא הזדמנות לביטוי אמנותי. בידנו עותק מיוחד במינו (להלן, מס׳ 132), מעשה ידיו של ברוך בן אברהם מיימרן ממכנאס, שבו ניכרת היטב השפעתה של הגדת ויניציה. תיאור דמויות האדם בהגדה זו אינו דבר רגיל. ייתכן, כי אחד מבני משפחת מיימרן, שהיה שר אצל מלך מארוקו, ביקש לחקות את יהודי־החצר העשירים באירופה במאות הי״ז—הי״ח, שהזמינו כתבי־יד מאוירים נאים.

באחד מציוריה של הגדה זו נשתמרה מסורת עממית ממכנאס — זו של ״סיפוך״. מאחר שהטקס נמשך עד שעה מאוחרת והילדים היו עלולים להירדם, היו פותחים את הדלת כאשר הגיעו ל״שפוך חמתך״. כדי שהילדים יישארו ערים, סיפרו להם באירופה שאליהו הנביא ייכנס בעדה, ואילו במארוקו סיפרו להם, כי ״סיפוך״ יופיע. ״סיפוך״ זה — דמות אגדית ספק שד ספק צדיק — הקסים את הילדים, והפחד שהטיל עליהם לא נתן להם להירדם עד סוף הסדר.

א״ק

הגדה של פסח
מכנאס; המאה הי״ח
דף השער מעשה ידיו של ברוך בן אברהם מיימרן

הגובה: 14.5 ס״מ; הרוחב: 10.5 ס״מ
אוסף אביגדור קלגסבלד, פאריס
(132)

דף מצויר מאותה ההגדה ובו דמותו של ״שפוך״ — ״סיפוך״
(133)

133

132

From the Israel Museum Exibit on JEWISH LIFE IN MOROCCO.
Jerusalem, Israel. Summer 1973.
Catalogue # 103.

מוזגים כוס שניה
והבן שואל:

Pour the second goblet.
The son asks:

מַה נִּשְׁתַּנָּה

Ma-Nishtannah.

הַלַּיְלָה הַזֶּה מִכָּל-הַלֵּילוֹת.
שֶׁבְּכָל-הַלֵּילוֹת אָנוּ אוֹכְלִין חָמֵץ
וּמַצָּה.
הַלַּיְלָה הַזֶּה כֻּלּוֹ מַצָּה:
שֶׁבְּכָל-הַלֵּילוֹת אָנוּ אוֹכְלִין שְׁאָר
יְרָקוֹת.
הַלַּיְלָה הַזֶּה מָרוֹר:
שֶׁבְּכָל-הַלֵּילוֹת אֵין אָנוּ מַטְבִּילִין
אֲפִלּוּ פַּעַם אֶחָת.
הַלַּיְלָה הַזֶּה שְׁתֵּי פְעָמִים:
שֶׁבְּכָל-הַלֵּילוֹת אָנוּ אוֹכְלִין בֵּין
יוֹשְׁבִין וּבֵין מְסֻבִּין.
הַלַּיְלָה הַזֶּה כֻּלָּנוּ מְסֻבִּין:

Wherein is this night different from all other nights?

For, on all other nights, we may eat either leavened bread or unleavened, but on this night only unleavened:

on all other nights we may eat other kinds of herb, but on this night only bitter herbs:

on all other nights we need not dip our herbs even once, but on this night we do so twice:

on all other nights we eat either sitting upright or reclining, but on this night we all recline.

Uncover the mazzot and say:

מגלים את המצות ואומרים:

עֲבָדִים הָיִינוּ לְפַרְעֹה בְּמִצְרָיִם וַיּוֹצִיאֵנוּ יְיָ אֱלֹהֵינוּ מִשָּׁם בְּיָד חֲזָקָה וּבִזְרוֹעַ נְטוּיָה. וְאִלּוּ לֹא הוֹצִיא הַקָּדוֹשׁ בָּרוּךְ הוּא אֶת אֲבוֹתֵינוּ מִמִּצְרַיִם הֲרֵי אָנוּ וּבָנֵינוּ וּבְנֵי בָנֵינוּ מְשֻׁעְבָּדִים הָיִינוּ לְפַרְעֹה בְּמִצְרָיִם. וַאֲפִלּוּ כֻּלָּנוּ חֲכָמִים כֻּלָּנוּ נְבוֹנִים כֻּלָּנוּ זְקֵנִים כֻּלָּנוּ יוֹדְעִים אֶת הַתּוֹרָה. מִצְוָה עָלֵינוּ לְסַפֵּר בִּיצִיאַת מִצְרָיִם. וְכָל הַמַּרְבֶּה לְסַפֵּר בִּיצִיאַת מִצְרַיִם הֲרֵי זֶה מְשֻׁבָּח:

'We were Pharaoh's bondmen in Egypt: and the Lord our God brought us out therefrom with a mighty hand' (*Deut.* vi, 21) and an outstretched arm. Now, if the Holy One, blessed be He, had not brought our fathers forth from Egypt, then we, and our children, and our children's children, would be servants to Pharaoh in Egypt. Therefore, even were we all wise, all men of understanding, all advanced in years, and all endowed with knowledge of the Torah, it would nevertheless be our duty to tell the story of the coming forth from Egypt: and the more a man tells of the coming forth from Egypt, the more is he to be praised.

מַעֲשֶׂה בְּרַבִּי אֱלִיעֶזֶר וְרַבִּי יְהוֹשֻׁעַ וְרַבִּי אֶלְעָזָר בֶּן עֲזַרְיָה וְרַבִּי עֲקִיבָא וְרַבִּי טַרְפוֹן שֶׁהָיוּ מְסֻבִּין בִּבְנֵי בְרַק וְהָיוּ מְסַפְּרִים בִּיצִיאַת מִצְרַיִם כָּל אוֹתוֹ הַלַּיְלָה עַד שֶׁבָּאוּ תַלְמִידֵיהֶם וְאָמְרוּ לָהֶם רַבּוֹתֵינוּ הִגִּיעַ זְמַן קְרִיאַת שְׁמַע שֶׁל שַׁחֲרִית:

It is told of Rabbi Eliezer, Rabbi Joshua, Rabbi Eleazar, son of Azariah, Rabbi Akiba, and Rabbi Tarphon, that they were once reclining together at Bene Berak, and they were recounting the story of the coming forth from Egypt all that night, until their pupils came and said to them: 'Our Masters! The time has come for reciting the morning prayer.'

אָמַר רַבִּי אֶלְעָזָר בֶּן עֲזַרְיָה. הֲרֵי אֲנִי כְּבֶן שִׁבְעִים שָׁנָה. וְלֹא זָכִיתִי שֶׁתֵּאָמֵר יְצִיאַת מִצְרַיִם בַּלֵּילוֹת עַד שֶׁדְּרָשָׁהּ בֶּן זוֹמָא. שֶׁנֶּאֱמַר לְמַעַן תִּזְכֹּר אֶת יוֹם צֵאתְךָ מֵאֶרֶץ מִצְרַיִם כֹּל יְמֵי חַיֶּיךָ. יְמֵי חַיֶּיךָ הַיָּמִים. כֹּל יְמֵי חַיֶּיךָ הַלֵּילוֹת. וַחֲכָמִים אוֹמְרִים. יְמֵי חַיֶּיךָ הָעוֹלָם הַזֶּה. כֹּל יְמֵי חַיֶּיךָ לְהָבִיא לִימוֹת הַמָּשִׁיחַ:

R. Eleazar, b. Azariah, said: 'Now I am as seventy years of age, yet I did not understand why the coming forth from Egypt should be told at night until Ben Zoma explained it: It is said, "That thou mayest remember the day when thou camest forth from the land of Egypt all the days of thy life" (*Deut.* xvi, 3). "The days of thy life" would imply the days only: "all the days of thy life" includes the nights also. The sages, however, expound it thus: "The days of thy life" refers to this world: "all the days of thy life" is to include the days of the Messiah.'

בָּרוּךְ הַמָּקוֹם בָּרוּךְ הוּא. בָּרוּךְ שֶׁנָּתַן תּוֹרָה לְעַמּוֹ יִשְׂרָאֵל. בָּרוּךְ הוּא:

כְּנֶגֶד אַרְבָּעָה בָנִים דִּבְּרָה תוֹרָה. אֶחָד חָכָם. וְאֶחָד רָשָׁע. וְאֶחָד תָּם. וְאֶחָד שֶׁאֵינוֹ יוֹדֵעַ לִשְׁאוֹל:

Blessed be the All-Present, blessed be He: Blessed be He who gave the Torah to His people Israel, blessed be He. With reference to four sons doth the Torah speak: one wise, one wicked, one simple, and one who does not know how to ask.

חָכָם מַה הוּא אוֹמֵר

מָה הָעֵדֹת וְהַחֻקִּים וְהַמִּשְׁפָּטִים אֲשֶׁר צִוָּה יְיָ אֱלֹהֵינוּ אֶתְכֶם: וְאַף אַתָּה אֱמָר־לוֹ כְּהִלְכוֹת הַפֶּסַח אֵין מַפְטִירִין אַחַר הַפֶּסַח אֲפִיקוֹמָן:

The Wise Son — what does he say? 'What mean the testimonies and the statutes and the judgements which the Lord our God hath commanded you?' (*Deut.* vi, 20) Thou must similarly expound to him the laws of the Passover, even that we do not dismiss the company after the Passover Meal for entertainment.

רָשָׁע מַה הוּא אוֹמֵר

מָה הָעֲבֹדָה הַזֹּאת לָכֶם: לָכֶם וְלֹא לוֹ. וּלְפִי שֶׁהוֹצִיא אֶת־עַצְמוֹ מִן הַכְּלָל וְכָפַר בָּעִקָּר. אַף אַתָּה הַקְהֵה אֶת שִׁנָּיו וֶאֱמָר־לוֹ בַּעֲבוּר זֶה עָשָׂה יְיָ לִי בְּצֵאתִי מִמִּצְרָיִם. לִי וְלֹא לוֹ. אִלּוּ הָיָה שָׁם לֹא הָיָה נִגְאָל:

The Wicked Son — what does he say? 'What mean ye by this service?' (*Ex.* xii, 26). 'Ye,' he insinuates, not himself. Since he has excluded himself from the generality, he has denied a cardinal principle. Therefore shouldst thou also distress him, saying, 'It is because of that which the Lord did for me when I came forth from Egypt' (*Ex.* xiii, 8): for me, not for him — for if he had been there, he would not have been redeemed!

תָּם מַה הוּא אוֹמֵר

מַה־זֹּאת. וְאָמַרְתָּ אֵלָיו בְּחֹזֶק יָד הוֹצִיאָנוּ יְיָ מִמִּצְרַיִם מִבֵּית עֲבָדִים:

The Simple Son — what does he say? 'What is this?' (*Ex.* xiii, 14). And thou shalt say unto him, 'By strength of hand the Lord brought us out of the Land of Egypt, from the house of bondage.' (*Ibid.*)

וְשֶׁאֵינוֹ יוֹדֵעַ לִשְׁאוֹל

אַתְּ פְּתַח לוֹ. שֶׁנֶּאֱמַר וְהִגַּדְתָּ לְבִנְךָ בַּיּוֹם הַהוּא לֵאמֹר בַּעֲבוּר זֶה עָשָׂה יְיָ לִי בְּצֵאתִי מִמִּצְרָיִם:

As for him who does not know how to ask, thou shalt thyself begin for him, as it is said: 'And thou shalt tell thy son in that day, saying, It is because of that which the Lord did for me when I came forth out of Egypt.' (*Ex.* xiii, 8)

יָכוֹל מֵרֹאשׁ חֹדֶשׁ. תַּלְמוּד לוֹמַר בַּיּוֹם הַהוּא. אִי בַּיּוֹם הַהוּא יָכוֹל מִבְּעוֹד יוֹם. תַּלְמוּד לוֹמַר בַּעֲבוּר זֶה. בַּעֲבוּר זֶה לֹא אָמַרְתִּי אֶלָּא בְּשָׁעָה שֶׁיֵּשׁ מַצָּה וּמָרוֹר מֻנָּחִים לְפָנֶיךָ:

It might be thought that this exposition should begin from the New Moon of Nisan. The text says, however, 'in that day.' If it is to be 'in that day,' it might be thought that the exposition should begin in the daytime; but the text says 'because of that.' 'Because of that' I would not have said, except with reference to the time when unleavened bread and bitter herb are laid before thee.

A speaker : -

To the traditional four questions, we may add our own questions, now and throughout the SEDER. For it is out of wondering that our connections with the tradition, with our deeper selves, and with the creative power of the SOURCE OF THE UNIVERSE, that the quest comes from our hearts.

THE SLAVE PLACE.

FIRST CHAMBER.

We are guided by the GOD OF OUR HEARTS through the path of FREEDOM

Narrator 1 : -

Once upon a time, over 3000 years ago, the Israelite people lived in the land of Egypt, on the banks of the Nile river.

An Israelite named Joseph had given valuable advice to the Pharoah, the ruler of Egypt, and in this way he and other Israelites gained favor in the eyes of the mighty king so that they all prospered. But after Joseph died, a new king arose over Egypt who did not remember Joseph's deeds.

And he said to his people :

" LOOK, THE ISRAELITE PEOPLE ARE MUCH TOO NUMEROUS FOR US. LET US DEAL SHREWDLY WITH THEM, SO THAT THEY MAY NOT INCREASE; OTHERWISE IN THE EVENT OF WAR THEY MAY JOIN OUR ENEMIES IN

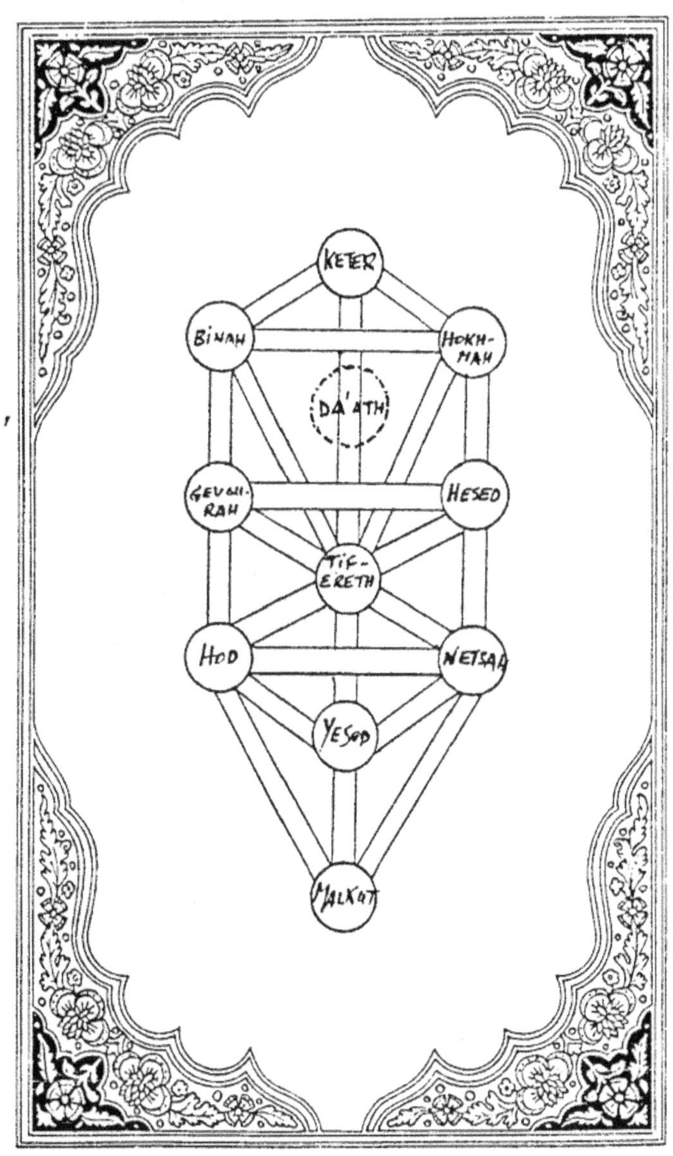

And they took their cattle, and their goods, which they had gotten in the land of Canaan, and came into Egypt, Jacob, and all his seed with him. (*Gen.* 46/6)

וַיָּבֹאוּ מִצְרָיְמָה, יַעֲקֹב וְכָל־זַרְעוֹ אִתּוֹ

(בר׳ מו׳ ו׳)

Biblical images.

Illustrations by Gustave Doré. (1832-1883)

FIGHTING AGAINST US AND RISE FROM THE GROUND. " SO THEY SET TASK-MASTERS OVER THEM TO OPPRESS THEM WITH FORCED LABOR ; AND THEY BUILT GARRISON CITIES FOR PHAROAH : PITHOM AND RAAMSES.

BUT THE MORE THEY WERE OPPRESSED, THE MORE THEY INCREASED, THE MORE THEY INCREASED AND SPREAD OUT; SO THAT THEY(Egyptians) CAME TO DREAD THE ISRAELITES.

THE EGYPTIANS RUTHLESSLY IMPOSED UPON THE ISRAELITES THE VARIOUS LABORS THEY MADE THEM PERFORM. RUTHLESSLY THEY MADE LIFE BITTER FOR THEM WITH HARSH LABOR AT MORTAR AND BRICKS AND WITH ALL SORTS OF TASKS IN THE FIELD. "

שבוים שמיים מגודלי זקן נהוגים על ידי מצרים. - תבליט בקברו של פרעה חרמחב בנוף, מהמאה הי״ד לפה״ס.

Bearded captive Semites led by Egyptians — bas-relief from the tomb of Pharaoh Horemheb at Memphis, 14th century B.C.E.

For hundreds of years the children of Israel toiled in the burning Egyptian sun. Yet the greater hardships imposed on them by the Egyptians, the more the Israelites multiplied and the stronger they grew. But finally. Pharoah charged all his people, saying, " EVERY BOY THAT IS BORN YOU SHALL THROW INTO THE NILE, BUT LET EVERY GIRL LIVE. "

And there was a great lamentation among the Israelites.

After sharing and knowing more how to learn, to open our eyes and hearts in the highest level of consciousness, we will seal this chamber with the blessing of the wine, so that we may proceed to the next place.

When Israel was in Egypt's land,
Let my people go.
Oppressed so hard they could not stand,
Let my people go.

Chorus. Go down, Moses, Way down in Egypt's land ;
Tell ol' Pharoah, let my people go.

Thus saith the Lord, bold Moses said,
Let my people go.
If not I'll smite your first-born dead ;
Let my people go.

Chorus.

No more shall they in bondage toil,
Let my people go.
Let them come out with Egypt's spoil,
Let my people go.

Chorus.

We need not always weep and mourn,
Let my people go.
And wear these slavery chains forlorn,
Let my people go.

Chorus.

The devil thought he had us fast,
Let my people go.
But we thought we'd break his chains at last,
Let my people go.

Ceremonial leader : -

Point to the bitter herb and say:

מצביעים על המרור ואומרים:

BITTER HERB

זֶה שֶׁאָנוּ אוֹכְלִים עַל שׁוּם מָה. עַל שׁוּם שֶׁמֵּרְרוּ הַמִּצְרִים אֶת חַיֵּי אֲבוֹתֵינוּ בְּמִצְרַיִם. שֶׁנֶּאֱמַר וַיְמָרְרוּ אֶת־חַיֵּיהֶם בַּעֲבֹדָה קָשָׁה בְּחֹמֶר וּבִלְבֵנִים וּבְכָל־עֲבֹדָה בַּשָּׂדֶה אֵת כָּל־עֲבֹדָתָם אֲשֶׁר־עָבְדוּ בָהֶם בְּפָרֶךְ:

This Bitter Herb which we eat -- because of what is it? It is because the Egyptians embittered the lives of our fathers in Egypt, as it is written: 'And they made their lives bitter with hard bondage, in mortar and in brick, and in all manner of service in the field: all their service wherein they made them serve, was with rigour.' (*Ex.* I, 14)

Dip the bitter herb in the haroset and say:

טובלים המרור בחרוסת ומברכים:

BITTER HERB

בָּרוּךְ אַתָּה יְיָ אֱלֹהֵינוּ מֶלֶךְ הָעוֹלָם אֲשֶׁר קִדְּשָׁנוּ בְּמִצְוֹתָיו וְצִוָּנוּ עַל אֲכִילַת מָרוֹר:

Blessed art Thou, O Lord, our God, King of the Universe, who sanctified us by His commandments and commanded us concerning the eating of Bitter Herb.

THESE BITTER HERBS which we are eating; and what is the reason ? Because the Egyptians made the life of our ancestors bitter in Egypt, as is said :"And they made their lives bitter with hard work, with mortar and bricks and all kinds of field work, and all the work which they made them do with vigor." (Pesahim,101)

* Take a small quantity of bitter herbs, dip in Haroset, say the blessing and eat sitting straight up.

BEHOLD I AM READY AND PREPARED TO FULFILL THE COMMANDMENT OF EATING BITTER HERBS FOR THE SAKE OF THE UNION OF THE HOLY ONE BLESSED BE HE AND HIS SHEKHINAH. THROUGH THE HIDDEN AND CONCEALED,IN THE NAME OF YOD, SHIN,REISH,ALEPH,LAMMED. I S R A E L .

Blessed art Thou, O Lord our God, Master of the Universe, who has hallowed us with the commandments and commanded us to eat bitter herbs.

Narrator 1.-

Where was God ? WHERE WAS GOD ?

Together: -

Rouse Yourself !
Why do you sleep O Eternal ?
Awake ! Do not cast us off forever !
Why do you hide your face ?
Why do you forget our afflictions and oppression ?
Our soul is bowed down to the dust ;
Our body cleaves to the ground.
Rise up, come to our help !
Deliver us for the sake of Your steadfast love !.
(Psalm 44: 23-26.)

Ceremonial leader : -

It is spring, the land fills with flowers, fruits, and grain. But for the Hebrew slaves, there is only tears.

'KARPAS'

Take a tiny portion of greenstuff,dipped in salt water or vinegar, and say the following blessing :

בָּרוּךְ אַתָּה יְיָ אֱלֹהֵינוּ מֶלֶךְ הָעוֹלָם בּוֹרֵא פְּרִי הָאֲדָמָה:

Blessed art Thou, Adonai Elohenou, Center of the Universe, who has created the fruit of the earth.

Speaker : -

Each participant is now invited to go to the place of the slave, and to participate in this section of the ritual as if he or she is enslaved. You might close your eyes, and travel to this slave chamber in yourselves, and if you wish, share your feelings with all in some way.

Allow the door of expression to open from your heart, and in sharing we are enriched by each one's lessons and illumination.

Each of the participants now share in oneness.

May we all learn from this conscious moment what we need to know in order to be better beings in this life and in the life to come. So BE It.

קדש

SANCTIFICATION

מוזגים כוס ראשונה, מקדשים ושותים רוב הכוס בהסבה.

Pour the first goblet, say the Kiddush and drink most of the contents leaning to the left.

בשבת

On the Eve of Sabbath

וַיְהִי־עֶרֶב וַיְהִי־בֹקֶר

יוֹם הַשִּׁשִּׁי וַיְכֻלּוּ הַשָּׁמַיִם וְהָאָרֶץ וְכָל־צְבָאָם: וַיְכַל אֱלֹהִים בַּיּוֹם הַשְּׁבִיעִי מְלַאכְתּוֹ אֲשֶׁר עָשָׂה וַיִּשְׁבֹּת בַּיּוֹם הַשְּׁבִיעִי מִכָּל־מְלַאכְתּוֹ אֲשֶׁר עָשָׂה: וַיְבָרֶךְ אֱלֹהִים אֶת־יוֹם הַשְּׁבִיעִי וַיְקַדֵּשׁ אֹתוֹ כִּי בוֹ שָׁבַת מִכָּל־מְלַאכְתּוֹ אֲשֶׁר־בָּרָא אֱלֹהִים לַעֲשׂוֹת:

Genesis I, 31—II, 3. And it was evening, and it was morning the sixth day. And the heavens and the earth were finished, and all the host of them. And on the seventh day God ended His work which He had made; and He rested on the seventh day from all His work which He had made. And God blessed the seventh day, and sanctified it: because that in it He had rested from all His work which God created and made.

כשחל ליל החג בחל מתחילים מכאן

When the Festival starts on a weekday, begin here:

סַבְרִי מָרָנָן וְרַבָּנָן וְרַבּוֹתַי:

By permission of the masters and rabbis and gentlemen.

בָּרוּךְ אַתָּה יְיָ אֱלֹהֵינוּ מֶלֶךְ הָעוֹלָם בּוֹרֵא פְּרִי הַגָּפֶן:

בָּרוּךְ אַתָּה יְיָ אֱלֹהֵינוּ מֶלֶךְ הָעוֹלָם אֲשֶׁר בָּחַר בָּנוּ מִכָּל עָם וְרוֹמְמָנוּ מִכָּל לָשׁוֹן וְקִדְּשָׁנוּ בְּמִצְוֹתָיו. וַתִּתֶּן לָנוּ יְיָ אֱלֹהֵינוּ בְּאַהֲבָה (שַׁבָּתוֹת לִמְנוּחָה וּ) מוֹעֲדִים לְשִׂמְחָה חַגִּים וּזְמַנִּים לְשָׂשׂוֹן אֶת־יוֹם (הַשַּׁבָּת הַזֶּה וְאֶת יוֹם) חַג הַמַּצּוֹת הַזֶּה זְמַן חֵרוּתֵנוּ (בְּאַהֲבָה) מִקְרָא־קֹדֶשׁ זֵכֶר לִיצִיאַת מִצְרָיִם. כִּי־בָנוּ בָחַרְתָּ וְאוֹתָנוּ קִדַּשְׁתָּ מִכָּל הָעַמִּים. (וְשַׁבָּת) וּמוֹעֲדֵי קָדְשֶׁךָ (בְּאַהֲבָה וּבְרָצוֹן) בְּשִׂמְחָה וּבְשָׂשׂוֹן הִנְחַלְתָּנוּ. בָּרוּךְ אַתָּה יְיָ מְקַדֵּשׁ (הַשַּׁבָּת וְ) יִשְׂרָאֵל וְהַזְּמַנִּים:

Blessed art Thou, O Lord, our God, King of the Universe, Creator of the Produce of the Vine. Blessed art Thou, O Lord, our God, King of the Universe: who hast chosen us from all peoples, and hast exalted us above all tongues, and hast sanctified us by Thy commandments. And Thou hast given us, O Lord, our God, in love, (Sabbaths for rest and) anniversaries for rejoicing, festivals and seasons for gladness: (this Sabbath day and) this feast-day of Passover, the season of our freedom, (in love,) a holy convocation in memorial of our departure from Egypt. For in us hast Thou chosen, and us hast Thou sanctified above all peoples: and Thou hast given us as heritage Thy holy (Sabbath and) seasons (in love and in favour,) in joy and in gladness. Blessed art Thou, O Lord, who sanctifiest (the Sabbath and) Israel and the festive seasons.

במוצאי שבת מקדשים יקנה״ז (ר״ת: יין, קידוש, נר, הבדלה, זמן)

At the Sabbath close continue:

בָּרוּךְ אַתָּה יְיָ אֱלֹהֵינוּ מֶלֶךְ הָעוֹלָם בּוֹרֵא מְאוֹרֵי הָאֵשׁ:

בָּרוּךְ אַתָּה יְיָ אֱלֹהֵינוּ מֶלֶךְ הָעוֹלָם הַמַּבְדִּיל בֵּין קֹדֶשׁ לְחֹל בֵּין אוֹר לְחֹשֶׁךְ בֵּין יִשְׂרָאֵל לָעַמִּים. בֵּין יוֹם הַשְּׁבִיעִי לְשֵׁשֶׁת יְמֵי הַמַּעֲשֶׂה. בֵּין קְדֻשַּׁת שַׁבָּת לִקְדֻשַּׁת יוֹם טוֹב הִבְדַּלְתָּ. וְאֶת יוֹם הַשְּׁבִיעִי מִשֵּׁשֶׁת יְמֵי הַמַּעֲשֶׂה קִדַּשְׁתָּ. הִבְדַּלְתָּ וְקִדַּשְׁתָּ אֶת עַמְּךָ יִשְׂרָאֵל בִּקְדֻשָּׁתֶךָ. בָּרוּךְ אַתָּה יְיָ הַמַּבְדִּיל בֵּין קֹדֶשׁ לְקֹדֶשׁ:

Blessed art thou, O Lord, our God, King of the Universe, Creator of the light of fire. Blessed art Thou, O Lord, our God, King of the Universe, who makest distinction between holy and profane, between light and darkness, between Israel and the nations, between the seventh day and the six days of toil. Thou hast made distinction between the sanctity of the Sabbath and the sanctity of the Festival, and hast sanctified the seventh day above the six days of toil: Thou hast distinguished and sanctified Thy people Israel with Thine own sanctity. Blessed art Thou, O Lord, who makest distinction between holy and holy.

בָּרוּךְ אַתָּה יְיָ אֱלֹהֵינוּ מֶלֶךְ הָעוֹלָם שֶׁהֶחֱיָנוּ וְקִיְּמָנוּ וְהִגִּיעָנוּ לַזְּמַן הַזֶּה:

Blessed art Thou, O Lord, our God, King of the Universe, who hast preserved us and sustained us and enabled us to reach this season.

FIRST GLASS OF WINE.

Pour out the first glass of wine, say the sanctification and drink while leaning towards the left side.

Behold I am prepared to fulfill the commandment of the First Glass of the Four Glasses for the sake of the unification of the HOLY ONE BLESSED BE HE AND HIS SHEKHINAH, THROUGH THE HIDDEN AND CONCEALED, IN THE NAME OF YOD, SHIN, REISH, ALEPH, LAMMED. Y I S R A E L .

BLESSED ART THOU ADONAI ELOHENOU, CENTER AND SOURCE OF THE UNIVERSE, WHO HAS CREATED THE FRUIT OF THE VINE.

THE P L A C E
OF B E I N G
S U M M O N E D
TO L I B E R A T I O N.

SECOND CHAMBER.

ENTER WITH REVERENCE,
AND ALL THY BEING
BE SUMMONED TO THE
LIBERATION FROM
PERSONAL AND INDIVIDUAL
SLAVERY, TOWARD
THE LIGHT OF BEING
AND BECOMING, MANIFESTED
IN THE HERE AND NOW......

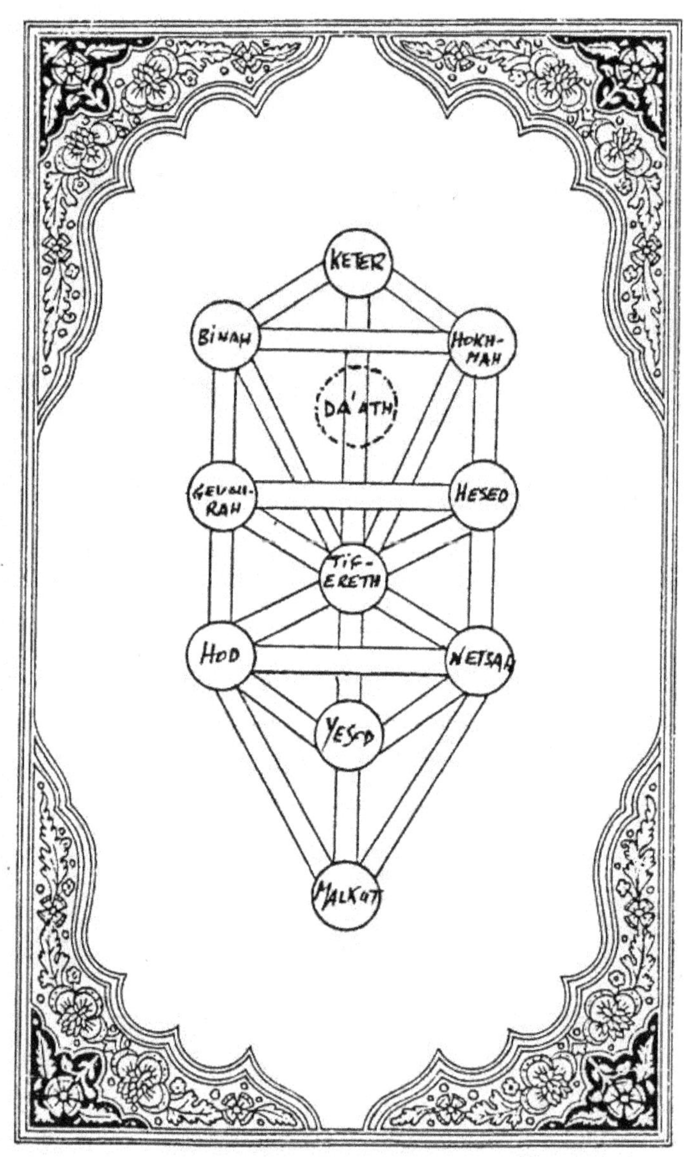

Narrator 2 : -

A certain man of the house of Levi went and married a Levite woman. The woman conceived and bore a son; and when she saw how beautiful he was, she hid him for three months. When she could hide him no longer, she got a wicker basket for him and calked it with bitumen and pitch. She put the child into it and placed it among the reeds by the bank of the Nile. And his sister stationed herself at a distance, to learn what would befall him.

The daughter of Pharaoh came down to bathe in the Nile, while her maidens walked along the Nile. She spied the basket among the reeds and set her slave girl to fetch it. When she opened it, she saw that it was a child, a boy crying. She took pity on it and said, "This must be a Hebrew child." Then his sister said to Pharaoh's daughter, "Shall I go and get you a Hebrew nurse to suckle the child for you?" And Pharaoh's daughter answered, "Yes." So the girl went and called the child's mother. And Pharaoh's daughter said to her, "Take this child and nurse it for me, and I will pay your wages." So the woman took the child and nursed it. When the child grew up, she brought him to Pharaoh's daughter, who made him her son. She named him Moses, explaining, "I drew him out of the water."

Some time after that, when Moses had grown up, he went out to his kinsfolk and witnessed their toil. He saw an Egyptian beating a Hebrew, one of his kinsmen. He turned this way and that and, seeing no one about, he struck down the Egyptian and hid him in the sand. When he went out the next day, he found two Hebrews fighting; so he said to the offender, "Why do you strike your fellow?" He retorted, "Who made you chief and ruler over us? Do you mean to kill me as you killed the Egyptian?" Moses was frightened, and thought: Then the matter is known! When Pharaoh learned of the matter, he sought to kill Moses; but Moses fled from Pharaoh.

Moses lived in the land of Midian for many years. There he married Tsipporah, the daughter of Yitro, who was the priest of the Midianites.

Narrator 2: Now Moses, tending the flock of his father-in-law Yitro, the priest of Midian, drove the flock into the wilderness, and came to Horeb, the mountain of God. An angel of the Lord appeared to him in a blazing fire out of a bush. He gazed, and there was a bush all aflame, yet the bush was not consumed.

And the daughter of Pharaoh came down to wash herself at the river; and when she saw the ark among the flags, she sent her maid to fetch it. (*Ex.* 2/5)

וַתֵּרֶא אֶת־הַתֵּבָה בְּתוֹךְ הַסּוּף. וַתִּשְׁלַח אֶת־
אֲמָתָהּ וַתִּקָּחֶהָ
(שמ׳ ב. ה)

Biblical images.
Illustrations by Gustave Doré (1832-1883)

Moses: I must turn aside to look at this marvelous sight; why doesn't the bush burn up?

God: Moses! Moses!

Moses: Here I am.

God: Do not come any closer. Remove your sandals from you feet, for the place on which you stand is holy ground.....I am the God of your ancestors, God of Abraham, the God of Isaac, the God of Jacob, Sarah, Rivka, Leah, and Rachel.

Narrator 2: And Moses hid his face, for he was afraid to look at God.

God: I have marked well the plight of My people in Egypt, and I have heeded their outcry because of their taskmasters; yes, I am mindful of their sufferings. I have come down to rescue them from the Egyptians and to bring them out of that land to a good and spacious land, a land flowing with milk and honey, the home of the Canaanites, the Hittites, the Amorites, the Perizzites, the Hivites, and the Jebusites. Now the cry of the Israelites has reached me; moreover, I have seen how the Egyptians oppress them. Come, therefore, I will send you to Pharaoh, and you shall free My people, the Israelites, from Egypt.

Moses: But who am I that I should go to Pharaoh and free the Israelites from Egypt?

God: I will be with you, and it shall be your sign that it was I who sent you. And when you have freed the people from Egypt, you shall worship God at this mountain.

Moses: When I come to the Israelites and say to them 'The God of your ancestors has sent me to you,' and they ask me,'What is God's name?' What shall I say to them?

God: I WILL BE WHO I WILL BE...This is what you shall say to the Israelites: I WILL BE sent me to you...Thus shall you speak to the Israelites: I WILL BE, -- the God of your ancestors, the God of Sarah and Abraham, the God of Rivkah and Isaac, the God of Jacob, Leah, and Rachel -- has sent me to you. This shall be My name forever; this my appelation for all eternity.

Narrator 2: But Moses refused to go five times! Each time God patiently answered Moses' arguments. Finally Moses said to the Source:

Moses: Please, O Source, I have never been a man of words, either in times

And Aaron cast down his rod before Pharaoh, and before his servants, and it became a serpent.

(*Ex.* 7/10)

וַיַּשְׁלֵךְ אַהֲרֹן אֶת־מַטֵּהוּ לִפְנֵי פַרְעֹה וְלִפְנֵי עֲבָדָיו, וַיְהִי לְתַנִּין

(שמ' ז. י)

Biblical images.

Illustrations by Gustave Doré. (1832-1883)

past or now that You have spoken to Your servant. I am slow of speech and slow of tongue.

God: Who gives man speech? Who makes him dumb or deaf, seeing or blind? Is it not I, the Source? Now go, and I will be with you as you speak and will instruct you what to say.

Moses: Please, O Source, make someone else Your agent.

God: (angry) There is you brother, Aaron the Levite. He, I know, speaks readily. Even now he is setting out to meet you, and he will be happy to see you. You shall speak to him and put the words in his mouth -- I will be with you and with him as you speak, and tell both of you what to do -- and he shall speak for you to the people. Thus he shall serve as your spokesman, with you playing the role of God to him. Take with you this rod, with which you shall perform the signs.

WHO IS THIS PROPHET......M O S E S . PONDER ON THIS.
WHAT ROLE DOES MOSES PLAY IN THIS JOURNEY ?
***FIND THE " M O S E S " WITHIN YOURSELF.

Speaker : -

Each one present is now invited to enter within the quiet silence of being, and reveal his or her place of summoning. It is a God-place, longing for absolute freedom. But it is also a Moses-place, fearful of struggle, fearful of making the break with the past, but really longing to do so.

In the course of being in that place, the wine will be blessed as we prepare for the struggle.
Explore now within this holy silence the resistance for change, and the true essence of willing to be free from any bondage in the thought-form. Choose that which is close to your essence for integration within the GREAT WILL OF THE CREATOR.

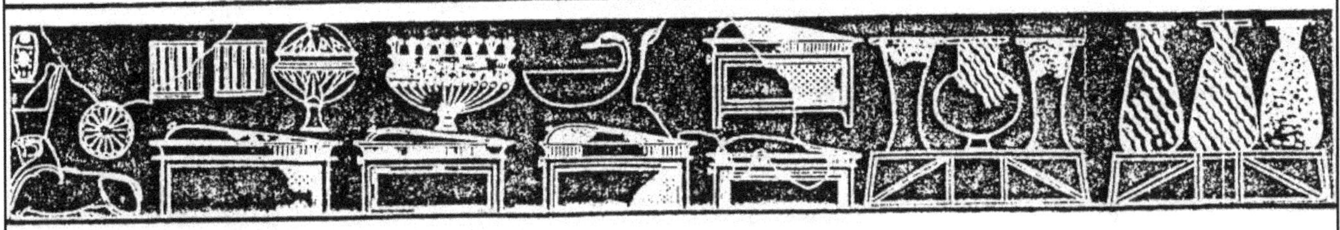

בָּרוּךְ אַתָּה יְיָ אֱלֹהֵינוּ מֶלֶךְ הָעוֹלָם בּוֹרֵא פְּרִי הַגָּפֶן:

Together : -
Behold, I am ready and prepared to fulfill the commandment of the Second of the Four cups for the sake of the Union of the HOLY ONE blessed be He, and His Shekhinah, through the Hidden and Concealed, in the name of all YOD, SHIN, REISH, ALEPH, LAMMED. I S R A E L .

BLESSED ART THOU, ADONAI ELOHENOU. THE CENTER AND THE SOURCE OF THE UNIVERSE, WHO CREATES THE FRUIT OF THE VINE.

Drink with intent to seal the chamber, and reflect on the red liquid, the spirit of the vine, as representing the blood stream of all life in all the Cosmos.

כוס אליהו הנביא, אוסטריה, המאה הי"ט.

Goblet of Elijah the Prophet, Austria, 19th Century.

בְּכָל דּוֹר וָדוֹר חַיָּב אָדָם לִרְאוֹת אֶת עַצְמוֹ כְּאִלּוּ הוּא יָצָא מִמִּצְרָיִם.

שֶׁנֶּאֱמַר וְהִגַּדְתָּ לְבִנְךָ בַּיּוֹם הַהוּא לֵאמֹר בַּעֲבוּר זֶה עָשָׂה יְיָ לִי בְּצֵאתִי מִמִּצְרָיִם: לֹא אֶת אֲבוֹתֵינוּ בִּלְבַד גָּאַל הַקָּדוֹשׁ בָּרוּךְ הוּא. אֶלָּא אַף אוֹתָנוּ גָּאַל עִמָּהֶם. שֶׁנֶּאֱמַר וְאוֹתָנוּ הוֹצִיא מִשָּׁם לְמַעַן הָבִיא אֹתָנוּ לָתֶת לָנוּ אֶת־הָאָרֶץ אֲשֶׁר נִשְׁבַּע לַאֲבֹתֵינוּ:

In every single generation is it man's duty to regard himself as if he had gone forth from Egypt, as it is written: 'And thou shalt shew thy son in that day, saying, Because of that which the Lord did unto me when I came forth out of Egypt' (*Ex.* XIII, 8). Not our fathers only did the Holy One, Blessed be He, redeem, but us also He redeemed with them; as it is said: 'And he brought us out from thence, that he might bring us in, to give us the land which he sware unto our fathers' (*Deut* VI, 23).

THE P H A R O A H
P L A C E .

THIRD CHAMBER.

LET US ENTER THIS CHAMBER WITH AWE AND WONDER, IN ORDER TO FIND OUT THE HIDDEN MEANING OF THE DIALOGUE, BETWEEN THE TWO FORCES OF THE UNIVERSE.
AND COME WE RESOLVED WITHIN OUR HEARTS.
WE ARE GUIDED BY THE LIGHT WITHIN ALL THE FORCES OF GOOD IN THE UNIVERSE.

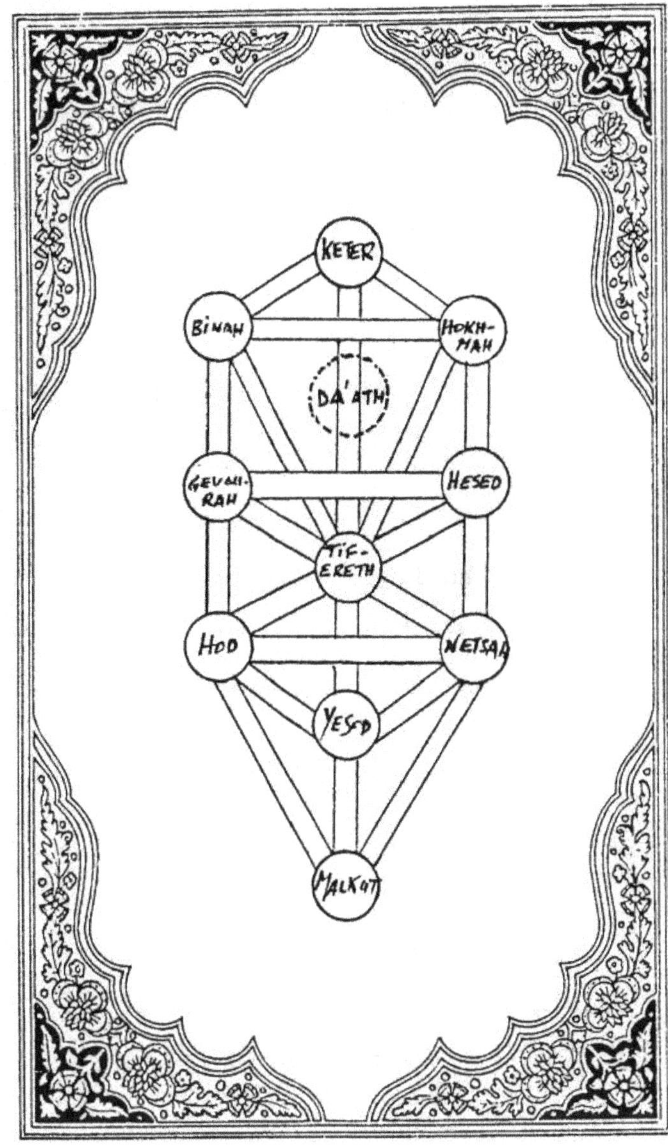

Narrator 3 : -

The Guide said to Aaron, "Go to meet Moses in the wilderness". He went and met him at the mountain of God, and he kissed him. Moses told Aaron about all the things that the Lord had committed to him and all the signs about which He had instructed him. Then Moses and Aaron went and assembled all the elders of the Israelites. Aaron repeated all the words that the Guide had spoken to Moses, and he performed the signs in the sight of the people, and the people were convinced. When they heard that the Guide had taken note of the Israelites and that He had seen their plight, they bowed low in homage.

Afterward Moses and Aharon went and said to Pharoah :

Aharon: Thus says the Lord, the God of Israel: Let My people go that they may celebrate a festival for Me in the wilderness!

Pharoah: Who is the Lord that I should heed Him and let Israel go? I do not know the Lord, nor will I let Israel go.

Aharon: The God of the Hebrews has manifested Himself to us. Let us go, we pray, a distance of three days into the wilderness to sacrifice to the Lord our God, lest He strike us with pestilence or sword.

Pharoah: Moses and Aharon, why do you distract the people from their tasks? Get to your labors! The people of the land are already so numerous, and you would have them cease from their labors!

Narrator 3: That same day Pharoah charged the taskmasters and foremen of the people, saying,

Pharoah: You shall no longer provide the people with straw for making bricks as you have been doing. Let them go and gather straw for themselves. But impose upon them the same quota of bricks as they have been making up till now. Do not reduce it, for they are shirkers. That is why they cry, "Let us go and sacrifice to our God!" Let heavier work be laid on the men. Let them keep at it and not pay attention to deceitful promises.

Narrator 3: So the taskmasters and foremen of the people went out and said to the people,

Foreman: Thus says Pharoah: I will not give you any straw. You must go and get the straw yourselves wherever you can find it. But there shall be no decrease whatever in your work.

Narrator 3: Then the people scattered throughout the land of Egypt to gather stubble for straw. And the taskmasters pressed them, saying, "You must complete the same work assignment each day as when you had straw." And the foremen of the Israelites, whom Pharoah's taskmasters had set over them, were beaten. "Why," they were asked, "did you not complete the prescribed amount of bricks, either yesterday or today, as you did before?" Then the Israelite foremen came to Pharoah and cried,

Foreman: Why do you deal thus with your servants? No straw is issued to your servants, yet they demand of us: Make bricks! Thus your servants are beaten, when the fault is with your own people.

Pharoah: You are shirkers, shirkers! That is why you say, 'Let us go and sacrifice to the Lord.' Be off now to your work! No straw shall be issued to you, but you must produce your quota of bricks!

Narrator 3: And the Guide spoke to Moses,

God: Pharoah is stubborn. He refuses to let the people go. Go to Pharoah in the morning, as he is coming out of the water, and station yourself before him at the edge of the Nile, taking with you the rod that turned into a snake. And say to him, "The Lord, the God of the Hebrews, sent me to you to say,'Let My people go that they may worship Me in the wilderness.'" But you have paid no heed until now. Thus says the Lord, 'By this you shall know that I am the Lord.' See, I shall strike the water in the Nile with the rod that is in my hand, and it will be turned into blood, and the fish in the Nile will die. The Nile will stink so that the Egyptians will find it impossible to drink the water of the Nile."'

Narrator 3: The Nile was turned into blood before Pharoah's very eyes, yet his heart was not softened. Then God sent nine more plagues on Pharoah and the Egyptians.

We pour out ten drops of wine for the ten plagues as we call them out together.

Together : - THESE ARE THE TEN PLAGUES WHICH THE HOLY ONE, PRAISED BE ETERNAL SPIRIT BROUGHT UPON THE EGYPTIANS IN EGYPT.

THESE ARE THE PLAGUES :

וּבְאֹתוֹת. זֶה הַמַּטֶּה. כְּמָה שֶׁנֶּאֱמַר וְאֶת־הַמַּטֶּה הַזֶּה תִּקַּח בְּיָדֶךָ אֲשֶׁר תַּעֲשֶׂה־בּוֹ אֶת־הָאֹתֹת:

וּבְמֹפְתִים. זֶה הַדָּם. כְּמָה שֶׁנֶּאֱמַר וְנָתַתִּי מוֹפְתִים בַּשָּׁמַיִם וּבָאָרֶץ

And with signs: this refers to the Rod, as it is said: 'And thou shalt take in thy hand this rod, wherewith thou shalt do the signs.' (*Ex.* IV, 17)

And with wonders: this refers to the blood, as it is said: 'And I will shew wonders in the heavens and in the earth: blood, and fire, and pillars of smoke.' (*Joel* II, 30)

While reciting the words "blood and fire and pillars of smoke", the Ten Plagues and the abbreviations that follow, jerk a drop of wine with the little finger from the goblet at each word.

בשעת קריאת "דם ואש ותמרות עשן", עשר המכות ו־דצ"ך עד"ש באח"ב מטיפים באצבע מכוס היין עם כל מלה ומלה.

דָּם. וָאֵשׁ. וְתִימְרוֹת עָשָׁן:

דָּבָר אַחֵר. בְּיָד חֲזָקָה שְׁתַּיִם. וּבִזְרֹעַ נְטוּיָה שְׁתַּיִם. וּבְמֹרָא גָּדֹל שְׁתַּיִם. וּבְאֹתוֹת שְׁתַּיִם.
וּבְמֹפְתִים שְׁתַּיִם: אֵלּוּ עֶשֶׂר מַכּוֹת שֶׁהֵבִיא הַקָּדוֹשׁ בָּרוּךְ
הוּא עַל הַמִּצְרִים בְּמִצְרַיִם.
וְאֵלּוּ הֵן:

Another explanation is as follows: 'with a strong hand' indicates two: 'and with an outstretched arm', two: 'and with great terror', two: 'and with signs', two: 'and with wonders' two.
This indicates the Ten Blows which the Holy One, blessed be He, brought upon the Egyptians in Egypt, to wit:

דָּם. *Dam*, Blood
צְפַרְדֵּעַ. *Tzfardeyah*, Frogs
כִּנִּים. *Kinim*, Lice
עָרוֹב. *Arov*, Wild Beasts
דֶּבֶר. *Dever*, Blight
שְׁחִין. *Sh'hin*, Boils
בָּרָד. *Barad*, Hail
אַרְבֶּה. *Arbeh*, Locusts
חֹשֶׁךְ. *Hoshch*, Darkness
מַכַּת בְּכוֹרוֹת: *Makat B'horot*, Slaying of the First-Born

דָּם BLOOD
עָרוֹב BEASTS
בָּרָד HAIL

צְפַרְדֵּעַ FROGS
דֶּבֶר MURRAIN
אַרְבֶּה LOCUSTS

כִּנִּים LICE
שְׁחִין BOILS
חֹשֶׁךְ DARKNESS

Slaying of the first born.

מַכַּת בְּכוֹרוֹת

כַּמָּה מַעֲלוֹת טוֹבוֹת לַמָּקוֹם עָלֵינוּ:

אִלּוּ הוֹצִיאָנוּ מִמִּצְרַיִם. וְלֹא עָשָׂה בָהֶם שְׁפָטִים דַּיֵּנוּ:

אִלּוּ עָשָׂה בָהֶם שְׁפָטִים. וְלֹא עָשָׂה בֵאלֹהֵיהֶם דַּיֵּנוּ:

אִלּוּ עָשָׂה בֵאלֹהֵיהֶם. וְלֹא הָרַג בְּכוֹרֵיהֶם דַּיֵּנוּ:

אִלּוּ הָרַג בְּכוֹרֵיהֶם. וְלֹא נָתַן לָנוּ אֶת מָמוֹנָם דַּיֵּנוּ:

אִלּוּ נָתַן לָנוּ אֶת מָמוֹנָם. וְלֹא קָרַע לָנוּ אֶת הַיָּם דַּיֵּנוּ:

אִלּוּ קָרַע לָנוּ אֶת הַיָּם. וְלֹא הֶעֱבִירָנוּ בְתוֹכוֹ בֶּחָרָבָה דַּיֵּנוּ:

אִלּוּ הֶעֱבִירָנוּ בְתוֹכוֹ בֶּחָרָבָה. וְלֹא שִׁקַּע צָרֵינוּ בְּתוֹכוֹ דַּיֵּנוּ:

אִלּוּ שִׁקַּע צָרֵינוּ בְּתוֹכוֹ. וְלֹא סִפֵּק צָרְכֵּנוּ בַּמִּדְבָּר אַרְבָּעִים שָׁנָה דַּיֵּנוּ:

אִלּוּ סִפֵּק צָרְכֵּנוּ בַּמִּדְבָּר אַרְבָּעִים שָׁנָה. וְלֹא הֶאֱכִילָנוּ אֶת־הַמָּן דַּיֵּנוּ:

אִלּוּ הֶאֱכִילָנוּ אֶת־הַמָּן. וְלֹא נָתַן לָנוּ אֶת־הַשַּׁבָּת דַּיֵּנוּ:

אִלּוּ נָתַן לָנוּ אֶת־הַשַּׁבָּת. וְלֹא קֵרְבָנוּ לִפְנֵי הַר סִינַי דַּיֵּנוּ:

אִלּוּ קֵרְבָנוּ לִפְנֵי הַר סִינַי. וְלֹא נָתַן לָנוּ אֶת־הַתּוֹרָה דַּיֵּנוּ:

אִלּוּ נָתַן לָנוּ אֶת הַתּוֹרָה. וְלֹא הִכְנִיסָנוּ לְאֶרֶץ יִשְׂרָאֵל דַּיֵּנוּ:

אִלּוּ הִכְנִיסָנוּ לְאֶרֶץ יִשְׂרָאֵל. וְלֹא בָנָה לָנוּ אֶת־בֵּית הַבְּחִירָה דַּיֵּנוּ:

How many are the calls of the Almighty upon our thankfulness!

Had He brought us out of Egypt, And not executed judgement on them	It had sufficed us!
Had He executed judgement on them, But not wrought justice on their gods	It had sufficed us!
Had He wrought justice on their gods, And not slain their first-born	It had sufficed us!
Had He slain their first-born, And not given us their substance,	It had sufficed us!
Had He given us their substance, And not cleft us the sea	It had sufficed us!
Had He cleft us the sea, And not brought us through it dryshod	It had sufficed us!
Had He brought us through it dryshod, And not sunk our oppressors in its depths	It had sufficed us!
Had He sunk our oppressors in its depths, And not satisfied our wants in the wilderness for forty years	It had sufficed us!
Had He satisfied our wants in the wilderness for forty years, And not fed us with the manna	It had sufficed us!
Had He fed us with the manna, And not given us the Sabbath	It had sufficed us!
Had He given us the Sabbath, And not brought us to the Mount of Sinai	It had sufficed us!
Had He brought us to the Mount of Sinai, And not given us the Law	It had sufficed us!
Had He given us the Law, And not brought us into the Land of Israel	It had sufficed us!
Had He brought us into the Land of Israel, And not built us the Chosen Temple	It had sufficed us!

הגדה של פסח
כתב יד מעוטר
הספריה הבריטית לונדון

Illuminated Manuscript
Passover Haggada
British Library, London

כמה מעלות טובות

הוציאנו ממצרים
עשה בהם שפטים דיינו
עשה בהם שפטים
עשה באלקיהם דיינו
עשה באלקיהם
הרג בכוריהם דיינו
הרג בכוריהם
נתן לנו את ממונם דיינו
נתן לנו את ממונם
קרע לנו את הים דיינו
קרע לנו את הים
העבירנו בתוכו בחרבה

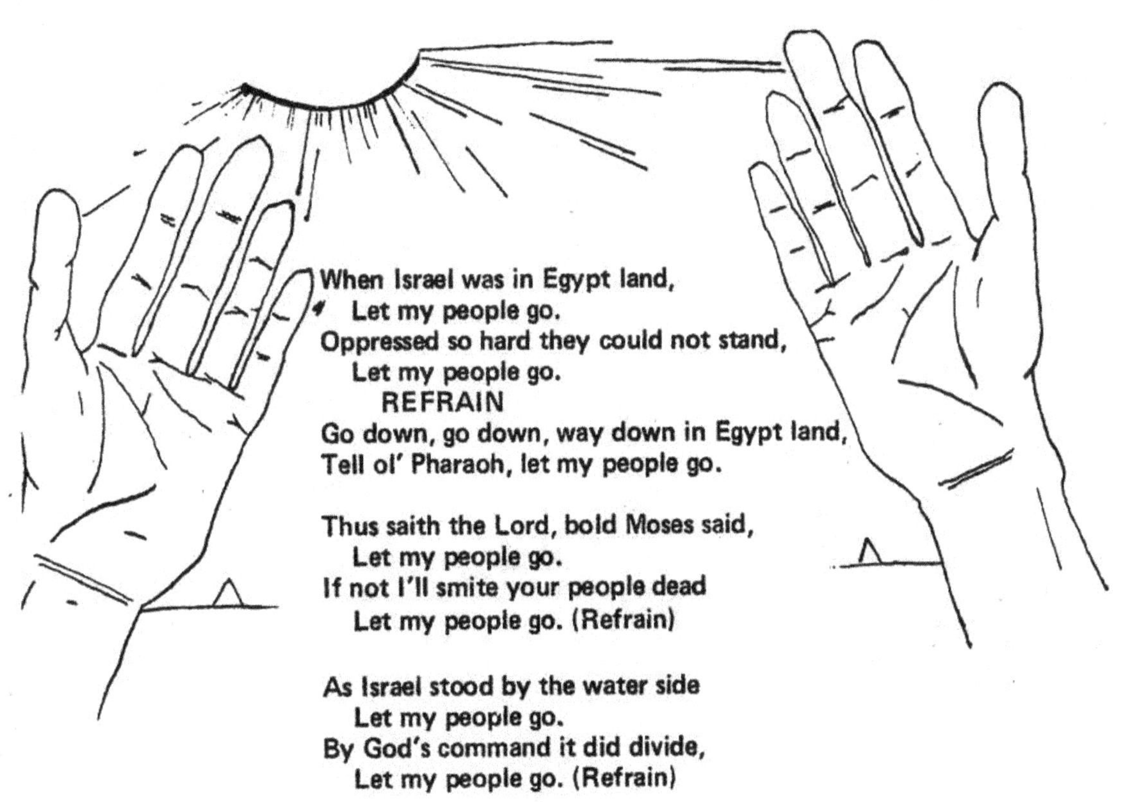

Each participant is now invited to conjure up his or her personal Pharoah, the part within or without that is invested in maintaining bondage . Even that place has a highest level.

The wine will be sanctified from there so we can move on to the next place.

Observe quietly that state which limits our freedom to think, and act according to our birthright to be free from that chained state of being in this world. Just observe and see the futility and the comic aspect of this state. Then decide to not dwell on that any more, and in the future you will know naturally how to free yourself from that limitation.

In drinking the wine, drink with intent that IT IS DONE. And fill your heart with much gratefulness for being able to do so.

Together :

Behold, I am ready and prepared to fulfill the commandment of the Third of the Four cups, for the sake of the HOLY ONE,blessed be He and His Shekhinah, through the Hidden and the Concealed,in the name of YOD, SHIN, REISH,ALEPH, LAMMED. I S R A E L .

בָּרוּךְ אַתָּה יְיָ אֱלֹהֵינוּ מֶלֶךְ הָעוֹלָם בּוֹרֵא פְּרִי הַגָּפֶן׃

BLESSED ART THOU, ADONAI ELOHENOU, THE CENTER AND THE SOURCE OF THE UNIVERSE, WHO CREATES THE FRUIT OF THE VINE.

Enjoy the cognition of the place of limitation, and may the flow of your thoughts be guided toward liberation.

THE PLACE
OF CHOICE.

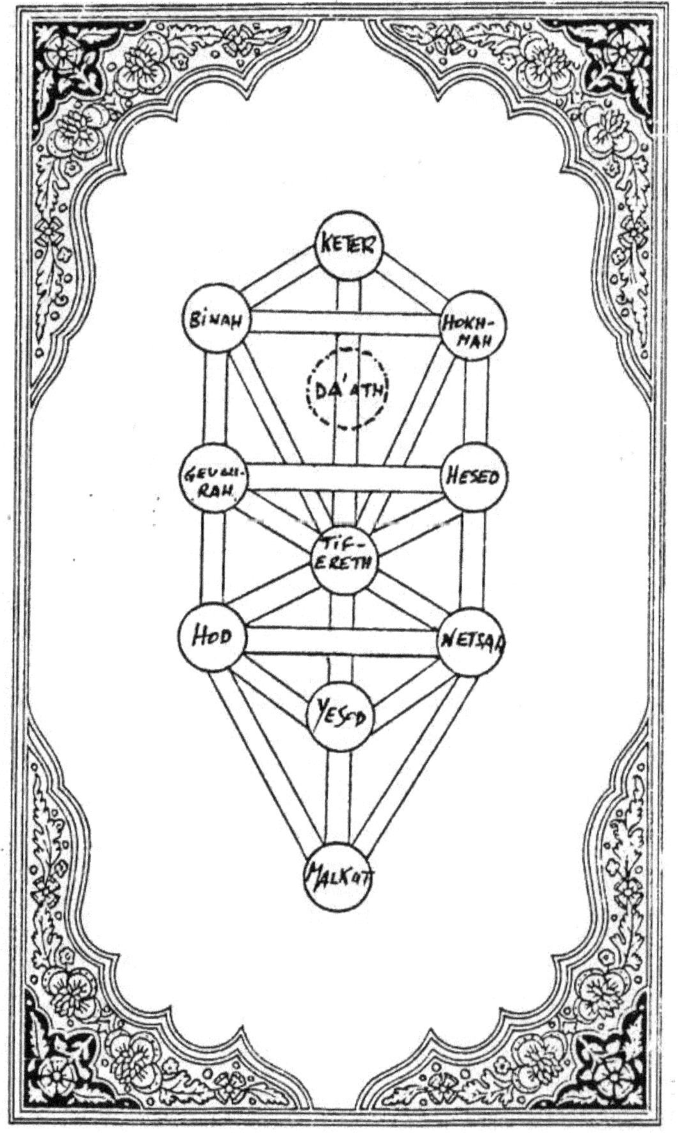

FOURTH CHAMBER.

NOW, WITH JOY, LET US ENTER THE CHAMBER OF CHOICE, WHERE WE ENCOUNTER THE WAY AND THE HINTS TO MAKE THE GOOD CHOICE FOR LIBERATION AND ILLUMINATION.
WITH THE INNER DIALOGUE WE ARE FIRM, TO MOVE AHEAD TO A CLEAR PLACE OF CONSCIOUSNESS. FROM WHICH WE CAN FUNCTION AS FREE AS WE THINK IT TO BE.

May we be guided by the light of freedom toward all the good decisions in our daily life,

Narrator 4: -

Moses then summoned all the elders of Israel and said to them "Go, pick out lambs for your families, and slaughter the passover offering. Take a bunch of hyssop, dip it in the blood that is in the basin, and apply some of the blood that is in the basin to the lintel and to the two doorposts. None of you shall go outside the door of his house until morning. For when the One goes through to smite the Egyptians, He will see the blood on the lintel and the two doorposts, and the One will pass over the door and not let the Destroyer enter and smite your home.

You shall observe this as an institution for all time, for you and for your descendants. And when you enter the land which the Source will give you, as He has promised, you shall observe this rite. And when your children ask you, 'What do you mean by this rite?' you shall say, 'It is the passover sacrifice to the One, because He passed over the houses of the Israelites in Egypt when He smote the Egyptians, but saved our houses.'

The people then bowed low in homage. And the Israelites went and did so; just as the Source had commanded Moses and Aharon, so they did.

In the middle of the night the One struck down all the first-born in the land of Egypt, from the first-born of Pharoah who sat on the throne to the first-born of the captive who was in the dungeon, and all the first-born of the cattle. And Pharoah arose in the night, with all his courtiers and all the Egyptians -- because there was a loud cry in Egypt; for there was no house where there was not someone dead. He summoned Moses and Aharon in the night and said, "Up, depart from among my people, you and the Israelites with you! Go, worship the Lord as you said! Take also your flocks and your herds as you said, and begone! And may you bring a blessing upon me also!"

The Egyptians urged the people on, to make them leave in haste, for they said, "We shall all be dead." So the people took their dough before it was leavened, their kneading bowls wrapped in their cloaks upon their shoulders. The Israelites had done Moses' bidding and borrowed from the Egyptains objects of silver and gold, and clothing. And the One had disposed the Egyptians favorably toward the people, and they let them have their request; thus they stripped the Egyptians.

The Israelites journeyed from Raamses to Succoth, about six hundred thousand fold on foot, aside from children. Moreover, a mixed multitude went up

And it came to pass that at midnight, the LORD smote all the firstborn in the land of Egypt.
(*Ex.* 12/29)

וַה' הִכָּה כָל־בְּכוֹר בְּאֶרֶץ מִצְרַיִם
(שמ' יב, כט)

Biblical images.

Illustrations by Gustave Doré. (1832-1883)

with them, and very much livestock, both flocks and herds. And they baked unleavened cakes of the dough that they had taken out of Egypt, for it was not leavened, since they had been driven out of Egypt and could not delay; nor had they prepared any provisions for themselves.

The length of time that the Israelites lived in Egypt was four hundred and thirty years; at the end of the four hundred and thirtieth year, to the very day, all the ranks of the One departed from the land of Egypt. That was for the Source a night of vigil to bring them out of the land of Egypt; that same night is the Center's one of vigil for all children of Israel throughout the ages.

רַבָּן גַּמְלִיאֵל הָיָה אוֹמֵר. כָּל שֶׁלֹּא אָמַר שְׁלֹשָׁה דְבָרִים אֵלּוּ בַּפֶּסַח לֹא יָצָא יְדֵי חוֹבָתוֹ. וְאֵלּוּ הֵן.
פֶּסַח. מַצָּה. וּמָרוֹר:

Rabban Gamaliel said: Any person who does not make mention of the following three things on Passover has not fulfilled his obligation; and these are they:
Passover, Maza, Bitter Herb

מסתכלים בזרוע.

Gaze at the shankbone

פסח

PASSOVER

שֶׁהָיוּ אֲבוֹתֵינוּ אוֹכְלִים בִּזְמַן שֶׁבֵּית הַמִּקְדָּשׁ קַיָּם. עַל שׁוּם מָה. עַל שׁוּם שֶׁפָּסַח הַקָּדוֹשׁ בָּרוּךְ הוּא עַל בָּתֵּי אֲבוֹתֵינוּ בְּמִצְרַיִם. שֶׁנֶּאֱמַר וַאֲמַרְתֶּם זֶבַח־פֶּסַח הוּא לַיְיָ אֲשֶׁר פָּסַח עַל־בָּתֵּי בְנֵי־יִשְׂרָאֵל בְּמִצְרַיִם בְּנָגְפּוֹ אֶת מִצְרַיִם וְאֶת־בָּתֵּינוּ הִצִּיל וַיִּקֹּד הָעָם וַיִּשְׁתַּחֲווּ:

The Passover which our fathers used to eat at the time when the Temple was standing — because of what is it? It is because the Holy One, Blessed be He, passed over the houses of our fathers in Egypt, as it is said: 'And ye shall say, It is the sacrifice of the Lord's Passover, for that he passed over the houses of the children of Israel in Egypt, when he smote the Egyptians, and delivered our houses. And the people bowed the head, and worshipped.' (*Ex.* XII, 27)

And he called for Moses and Aaron by night, and said, Rise up, and get you forth from among my people. (*Ex.* 12/31)

וַיֹּאמֶר קוּמוּ צְּאוּ מִתּוֹךְ עַמִּי

(שמ' יב. לא)

Biblical images.

Illustrations by Gustave Doré. (1832-1883)

The Lord said to Moses and Aharon: This is the law of the passover offering: No foreigner shall eat of it. But any slave a man has bought may eat of it once he has been circumcised. A resident hireling shall not eat of it. It shall be eaten in one house; you shall not take any of the flesh outside the house; nor shall you break a bone of it. The whole assembly of Israel shall offer it. If a stranger who dwells with you would offer the passover to the Lord, all his males must be circumcised; then he shall be admitted to offer it; he shall then be as a citizen of the country. But no uncircumcised man may eat of it. There shall be one law for the citizen and for the stranger who dwells among you.

And all the Israelites did so; as the Lord had commanded Moses and Aharon, so they did.

That very day the Holy One freed the Israelites from the land of Egypt, troop by troop.

Moses: "Remember this day, on which you went free from Egypt, the house of bondage, how the Holy One freed you from it with a mighty hand: no leavened bread shall be eaten. You go free on this day, in the month of Abib. So when the One has brought you into the land of the Canaanites, the Hittites, the Amorites, the Hivites, and the Jebusites, which He swore to your ancestors to give you, a land flowing with milk and honey, you shall observe in this month the following practice:

"Seven days you shall eat unleavened bread, and on the seventh day there shall be a festival of the Creator. Throughout the seven days unleavened bread shall be eaten; no leavened bread shall be found with you, and no leaven shall be found in all your territory. And you shall explain to your children on that day, 'It is because of what the Eternal did for me when I went free from Egypt.'"

Point to the mazzah and say: מצביעים על המצה ואומרים:

מצה

UNLEAVENED BREAD

זוֹ שֶׁאָנוּ אוֹכְלִים עַל שׁוּם מָה. עַל שׁוּם שֶׁלֹּא הִסְפִּיק בְּצֵקָם שֶׁל אֲבוֹתֵינוּ לְהַחֲמִיץ
עַד שֶׁנִּגְלָה עֲלֵיהֶם מֶלֶךְ מַלְכֵי הַמְּלָכִים הַקָּדוֹשׁ בָּרוּךְ הוּא וּגְאָלָם שֶׁנֶּאֱמַר וַיֹּאפוּ אֶת־הַבָּצֵק אֲשֶׁר הוֹצִיאוּ
מִמִּצְרַיִם עֻגֹת מַצּוֹת כִּי לֹא חָמֵץ כִּי־גֹרְשׁוּ מִמִּצְרַיִם וְלֹא יָכְלוּ לְהִתְמַהְמֵהַּ וְגַם־צֵדָה לֹא־עָשׂוּ לָהֶם:

This Unleavened Bread which we eat — because of what is it? It is because there was no time for the dough of our fathers to become leavened before the supreme King of Kings, the Holy One, Blessed be He revealed himself unto them and redeemed them, as it is said: 'And they baked unleavened cakes of the dough which they brought forth out of Egypt, for it was not leavened: because they were thrust out of Egypt, and could not tarry, neither had they prepared for themselves any victual.' (*Ex.* XII, 39)

RECITAL
OF THE HAGGADAH

התימנים וקצת עדות המזרח פותחים **בִּבְהִילוּ יָצָאנוּ מִמִּצְרָיִם:**

The Yemenites and a few other Oriental Communities say:

Urgently did we go forth from Egypt

מגלים את המצות, מגביהים את הקערה ואומרים:

Uncover the mazzot, raise the kaara and say:

הָא לַחְמָא עַנְיָא דִי אֲכַלוּ אֲבָהָתָנָא בְּאַרְעָא דְמִצְרָיִם. כָּל דִכְפִין יֵיתֵי וְיֵכֻל. כָּל דִצְרִיךְ יֵיתֵי וְיִפְסַח. הָשַׁתָּא הָכָא. לַשָּׁנָה הַבָּאָה בְּאַרְעָא דְיִשְׂרָאֵל. הָשַׁתָּא עַבְדֵי. לַשָּׁנָה הַבָּאָה בְּנֵי חוֹרִין:

This is the bread of affliction that our fathers ate in the land of Egypt. All who are hungered — let them come and eat: all who are needy — let them come and celebrate the Passover. Now we are here, but next year may we be in the land of Israel! Now we are slaves, but next year may we be free men!

מעמידים את הקערה.

Put the kaara back

קערה לסדר של פסח. איטליה.
המאה הי"ז

A kaarah or platter for the Passover Seder. Italy, 17th Century.

137

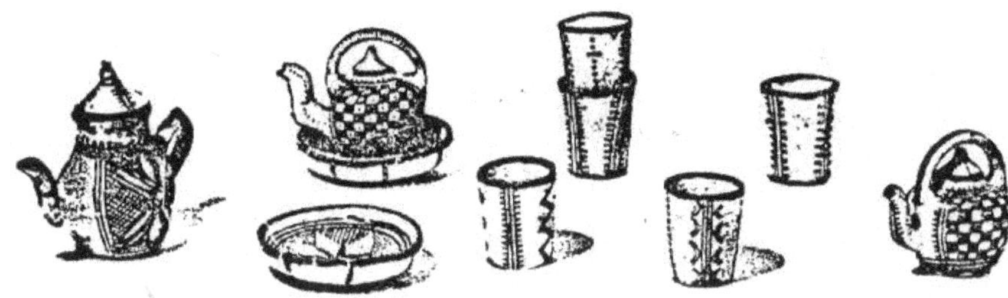

כלים בזעיר־אנפין, הניתנים לילדים בחג הפסח — ״מנדרה״ או ״תמסרקת״
איזור הריף ; ראשית המאה הכ׳

חרס מחופה חיפוי בהיר ועיטור חום
המידות : 3—5 ס״מ
מוזיאון האדם, פאריס
(137)

138

From the Israel Museum exibit. on Jewish life in Morocco. Jerusalem, Israel. Summer 1973.

Catalogue # 103.

נרות־שמן
גולמימה ; ראשית המאה הכ׳ (?)
מיוחדים לקריאת ההגדה בליל הסדר

חרס חום בהיר ; זיגוג חום, שאינו מכסה את צלוחית הבסיס
הגובה : 11—14 ס״מ ; קוטר הבסיס : 7—8 ס״מ
מוזיאון ישראל, מתנת מר אילוז
(138)

כלים להכנת מצות — ״מאפינה דל־קטיע ודזוואק״
חישוק רחב לחיתוך בצק ותבנית עגולה בעלת שתי ידיות לחירור בצק

ברזל, עץ ופליז
אורך הידית : 7 ס״מ ; קוטר החישוק : 19 ס״מ ; קוטר התבנית : 17 ס״מ
מוזיאון ישראל
(139)

139

Speaker : -

Here, the invitation is to CHOOSE TO BE FREE. Historically, this is the night of Passover, the time of the first SEDER meal when all who opt to leave Egypt mark their doors with the blood of the sacrificial lamb.

Do you choose to leave, knowing there will be many times that you will say to your Moses, " Why did you take me out of the land of Egypt, only to lead me into this foul desert to die ? Better be a slave in Egypt, than a free person in the void . "

DO YOU CHOOSE TO GO ? ? ? ...

**** NEAR IS THE GOD AND DIFFICULT TO GRASP.
BUT WHERE DANGER IS, THE DELIVERER,
TOO SPRINGS UP.

Ceremonial leader : -

We are now to leave the darkness of slavery, to enter the LIGHT OF FREEDOM.

Let us now realize this place of light within us, eyes closed, and when we open the eyes, let them gaze on the FLAME of the candles, symbolizing the LIGHT WITHIN, kindle that flame with care and reverence.

בָּרוּךְ אַתָּה יְיָ. אֱלֹהֵינוּ מֶלֶךְ הָעוֹלָם, אֲשֶׁר קִדְּשָׁנוּ בְּמִצְוֹתָיו וְצִוָּנוּ לְהַדְלִיק נֵר
(שֶׁל שַׁבָּת וְ) שֶׁל יוֹם־טוֹב.

בָּרוּךְ אַתָּה יְיָ. אֱלֹהֵינוּ מֶלֶךְ הָעוֹלָם. שֶׁהֶחֱיָנוּ וְקִיְּמָנוּ וְהִגִּיעָנוּ לַזְּמַן הַזֶּה.

Blessed art THOU ADONAI ELOHENOU, The Center and the Source of the Universe, who has sanctified us with the commandments, and has enjoined us to kindle the LIGHT of (Shabbat &) the festival.

יציאת מצרים
ציור — דוד הראל, הגדת "עיר דוד"

The Exodus from Egypt, Painter David Har'el, from the Haggadah of the City of David.

Use this painting to visualize the Exodus from the Egypt in your life, decide to go, to leave slavery and choose to find freedom.

Walk my friend toward the light
of Thyself,
Leave behind all the darkness
of the small self,
and open the door to the state
of being a free thinker and, may the light dwell in thy heart.

s.a.

Blessed art THOU ADONAI ELOHENOU, The Center and the Source of the Universe, who has kept us alive and sustained us so that we have come to this present time.

Each one present here now came very clearly to-night to choose the FREEDOM from all limitation, from darkness to Light, from the limitations to FREEDOM OF CHOICE, from confusion to clarity of mind and body. Ponder on this now in the sanctuary of your heart.

See the light within and without surrounding you, this assembly, and all who are now celebrating the same ceremony, all humanity, all mankind, on this planet and in all the Cosmos.

Together : -

Behold, I am ready and prepared to fulfill the commandment of the Fourth of the Four glasses, for the sake of the HOLY ONE Blessed be HE and His Holy SHEKHINAH, by the means of the Hidden and the Concealed, in the name of YOD, SHIN, REISH, ALEPH, LAMMED. ALL I S R A E L

בָּרוּךְ אַתָּה יְיָ אֱלֹהֵינוּ מֶלֶךְ הָעוֹלָם בּוֹרֵא פְּרִי הַגָּפֶן:

We now bless the wine, and drink it with the intention of entering the new sphere of LIGHT in all our lives and all humanity, so that all who are in the darkness, may find the LIGHT within and be a channel of light in the world.

BLESSED ART THOU, ADONAI ELOHENOU, THE CENTER AND THE SOURCE OF THE UNIVERSE, WHO CREATES THE FRUIT OF THE VINE.

THE BLESSING OVER BREAD

מְבָרְכִים עַל הַמַּצָּה שְׁתֵּי בְּרָכוֹת: „הַמּוֹצִיא" וְ„עַל אֲכִילַת מַצָּה".
הִנְנִי מוּכָן וּמְזֻמָּן לְקַיֵּם מִצְוַת אֲכִילַת מַצָּה לְשֵׁם יִחוּד קֻדְשָׁא
בְּרִיךְ הוּא וּשְׁכִינְתֵּהּ עַל יְדֵי הַהוּא טָמִיר וְנֶעְלָם בְּשֵׁם כָּל יִשְׂרָאֵל.

בָּרוּךְ אַתָּה יְיָ אֱלֹהֵינוּ מֶלֶךְ הָעוֹלָם הַמּוֹצִיא לֶחֶם מִן הָאָרֶץ:

Blessed art Thou, O Lord, our God, King of the Universe, the bringer forth of bread out of the earth.

Two blessings are said over the Matsah : The blessings of the bread and for the Matsah.

Behold I am ready and prepared to fulfill the commandment of eating the Matsah for the sake of the Union of the HOLY ONE and His SHEKHINAH, through the Hidden and the Concealed, in the name of all YOD, SHIN, REISH, ALEPH, LAMMED. I S R A E L

BLESSED ART THOU ADONAI ELOHENOU, THE CENTER AND THE SOURCE OF THE UNIVERSE, WHO BRINGS FORTH BREAD FROM THE EARTH.

THE BLESSING OVER THE MAZZAH

מַנִּיחִים אֶת הַמַּצָּה הַתַּחְתּוֹנָה, אוֹחֲזִים בִּשְׁתֵּי
הָעֶלְיוֹנוֹת, מְבָרְכִים וְאוֹכְלִים מִתּוֹךְ הֲסִבָּה.

בָּרוּךְ אַתָּה יְיָ אֱלֹהֵינוּ מֶלֶךְ הָעוֹלָם אֲשֶׁר קִדְּשָׁנוּ בְּמִצְוֹתָיו
וְצִוָּנוּ עַל אֲכִילַת מַצָּה:

Blessed art Thou, O Lord, our God, King of the Universe, who sanctified us by His commandments and commanded us concerning the eating of Unleavened Bread.

Leave the lower Matsah, take the two upper ones, say the blessing and eat while reclining to the left.

BLESSED ART THOU ADONAI ELOHENOU, THE CENTER AND THE SOURCE OF THE UNIVERSE, WHO HALLOWED US WITH THE COMMANDMENTS AND COMMANDED US TO EAT MATSAH.

COMBINING

Sandwich horseradish with Matsah and say:

זֵכֶר לַמִּקְדָּשׁ כְּהִלֵּל: כֵּן עָשָׂה הִלֵּל בִּזְמַן שֶׁבֵּית הַמִּקְדָּשׁ קַיָּם. הָיָה כּוֹרֵךְ
(פֶּסַח) מַצָּה וּמָרוֹר וְאוֹכֵל בְּיַחַד. לְקַיֵּם מַה שֶּׁנֶּאֱמַר. עַל מַצּוֹת וּמְרוֹרִים
יֹאכְלֻהוּ:

In remembrance of the Temple, according to the custom of Hillel. Thus Hillel was accustomed to do when the Temple was still standing: he used to place together some of the Paschal offering, unleavened bread, and bitter herb and eat them as one, to fulfil that which is said: 'Upon unleavened bread and bitter herbs shall they eat it.' (*Numb.* IX, 11)

שלחן עורך

אוכלים סעודת חג

EAT THE FESTIVE MEAL

סדר פסח אצל הקהילה הפורטוגזית.
צייר: ברנרד פיקרד (1733—1663).
מאוסף המוזיאון היהודי ההיסטורי
באמסטרדם.

The Passover Seder of the Portuguese community. painted by Bernard Picard. (1663-1733) from the collection of the Amsterdam Museum of Jewish history.

This story is from the book :
MOROCCAN JEWISH FOLKTALES
with an introduction and notes.
by.
DOV NOY.
Forword by
Raphael Patai.

Herzl Press.
New York.
1966.

Page 129.

49.

MOSES AND THE APOSTATE

A certain king had a counsellor who was an apostate and who hated Jews with a mortal hatred. One day the counsellor presented himself to the king and said: "The Jews experience miracles to this very day because Moses still lives in their midst, but they have hidden him and do not wish to reveal to the king where he is."

The king commanded the Jews to bring Moses to him within three days, and if they failed to do so he would have them all executed.

What did the Jews do? They declared a fast and sat day and night in the synagogue and prayed. On the second day of their fast the Jews had just emerged from their synagogue when they saw a man, apparently an evil man who did not believe in God, for he was sitting and eating. "Why do you eat?" they asked him.

He answered them with a question: "Why do you not eat?" They told him about the king's decree. "In that case," said the man, "I will go to the king and you will say that I am Moses. Seeing that it is decreed that we must all die, what greater harm can the king do to me? He can kill me, that is all!"

And the man put on fine clothes, such as were worn only in ancient days, and taking a big rod in his hands presented himself to the king, saying: "I am Moses!"

The king called his counsellor to identify the man who could work miracles. He was afraid that the Jews might be deceiving him.

In his heart the counsellor laughed and said: "Let the king try him with miracles."

"Good," said 'Moses'. "I will perform a miracle the like of which you have never seen. Bring me a bath full of boiling water. Throw the counsellor into it. You will see that I will take him out of it safe and sound. Moreover he will appear twenty years younger than he is."

When the counsellor heard this, he hastened to the king with a cry: "He is indeed Moses! It is true. He can perform miracles!"

So the king sent 'Moses' home in great honour and commanded that the decree against the Jews be annulled.

Mordechai Ulu (narrator, stories Nos. 48–49), born in Fez in 1938; married, 12 years in Israel, at present resident in Jerusalem. A metal-worker by trade. Had a difficult childhood. His parents were deaf mutes, and he himself began to speak only at the age of ten

Ulu is a tall, well-set young man—says Yitzhak Wechsler—and when he tells his tales his features set in a hard, tense and serious mould. His eyes close in a sort of *hassidic* ecstasy and he is entirely given up to the tale he is telling. Any interruption destroys the flow of the tale and his expressive face reflects his anger and frustration. He loves telling his tales and is himself captivated by the attention of his listeners. He is prolix in style but never deviates from the course of his tale.

APHIKOMAN

לאחר הסעודה אוכלים כזית מן האפיקומן.

After the festive meal eat a little of the Aphikoman

הספרדים אומרים לפני אכילת האפיקומן: זֵכֶר לְקָרְבַּן פֶּסַח הַנֶּאֱכָל עַל הַשֹּׂבַע:

Before eating the Afikoman the Sephardim say: In memory of the Passover sacrifice, which is eaten amid plenty.

GRACE

מוזגים כוס שלישית. מברכים ברכת המזון:

Pour the third goblet. Commence the Grace after food:

ויאמר המברך	רַבּוֹתַי נְבָרֵךְ
ועונים אחריו	יְהִי שֵׁם יְיָ מְבֹרָךְ מֵעַתָּה וְעַד־עוֹלָם:
ויאמר	בִּרְשׁוּת מָרָנָן וְרַבָּנָן וְרַבּוֹתַי נְבָרֵךְ שֶׁאָכַלְנוּ מִשֶּׁלּוֹ:
ועונים	בָּרוּךְ שֶׁאָכַלְנוּ מִשֶּׁלּוֹ וּבְטוּבוֹ חָיִינוּ:
ויחזור ויאמר	בָּרוּךְ שֶׁאָכַלְנוּ מִשֶּׁלּוֹ וּבְטוּבוֹ חָיִינוּ:

The reciter of Grace says:	My Masters, let us say the Blessing.
The response:	May the Name of the Lord be blessed from this time forth and for ever.
The reciter:	Let us bless Him (our God) of whose bounty we have partaken.
The response: (Also the reciter repeats:)	Blessed be He (our God) of whose bounty we have partaken and through whose goodness we live.

בָּרוּךְ הוּא וּבָרוּךְ שְׁמוֹ:

Blessed be He and blest His Name

בָּרוּךְ אַתָּה יְיָ אֱלֹהֵינוּ מֶלֶךְ הָעוֹלָם הַזָּן אֶת הָעוֹלָם כֻּלּוֹ בְּטוּבוֹ בְּחֵן בְּחֶסֶד וּבְרַחֲמִים הוּא נוֹתֵן לֶחֶם לְכָל בָּשָׂר כִּי לְעוֹלָם חַסְדּוֹ: וּבְטוּבוֹ הַגָּדוֹל תָּמִיד לֹא חָסַר לָנוּ וְאַל יֶחְסַר לָנוּ מָזוֹן לְעוֹלָם וָעֶד. בַּעֲבוּר שְׁמוֹ הַגָּדוֹל כִּי הוּא זָן וּמְפַרְנֵס לַכֹּל וּמֵטִיב לַכֹּל וּמֵכִין מָזוֹן לְכָל בְּרִיּוֹתָיו אֲשֶׁר בָּרָא. בָּרוּךְ אַתָּה יְיָ הַזָּן אֶת הַכֹּל:

Blessed art Thou, O Lord, our God, King of the Universe: who sustaineth the whole world in His goodness, in grace, lovingkindness, and mercy. 'He giveth bread to all flesh: for His mercy endureth for ever' (*Ps.* cxxxvi, 25). And through His goodness, which is ever great, sustenance hath never failed us, nor will fail us, for ever and ever, for His great Name's sake. For He sustaineth and supporteth all, and doth good to all, and prepareth sustenance to all His creatures which He hath created. Blessed art Thou, O Lord, who sustainest all.

נוֹדֶה לְּךָ יְיָ אֱלֹהֵינוּ עַל שֶׁהִנְחַלְתָּ לַאֲבוֹתֵינוּ אֶרֶץ חֶמְדָּה טוֹבָה וּרְחָבָה וְעַל שֶׁהוֹצֵאתָנוּ יְיָ אֱלֹהֵינוּ מֵאֶרֶץ מִצְרַיִם וּפְדִיתָנוּ מִבֵּית עֲבָדִים וְעַל בְּרִיתְךָ שֶׁחָתַמְתָּ בִּבְשָׂרֵנוּ וְעַל תּוֹרָתְךָ שֶׁלִּמַּדְתָּנוּ וְעַל חֻקֶּיךָ שֶׁהוֹדַעְתָּנוּ וְעַל חַיִּים חֵן וָחֶסֶד שֶׁחוֹנַנְתָּנוּ וְעַל אֲכִילַת מָזוֹן שָׁאַתָּה זָן וּמְפַרְנֵס אוֹתָנוּ תָּמִיד בְּכָל יוֹם וּבְכָל עֵת וּבְכָל שָׁעָה:

Let us render thanks unto Thee, O Lord, our God, because Thou didst give as an inheritance to our fathers a land which is pleasant, goodly, and ample: and because Thou didst bring us forth, O Lord, our God, from the land of Egypt, and didst redeem us from the house of bondage: and for Thy covenant which Thou didst seal in our flesh, and for Thy law which Thou hast taught us, and for Thy statutes which Thou hast made known unto us, and for the life, grace, and lovingkindness wherewith Thou hast favoured us, and for the partaking of this sustenance wherewith Thou dost sustain and support us continually — on every day, and at every time, and in every hour.

וְעַל הַכֹּל יְיָ אֱלֹהֵינוּ אֲנַחְנוּ מוֹדִים לָךְ וּמְבָרְכִים אוֹתָךְ יִתְבָּרַךְ שִׁמְךָ בְּפִי כָּל חַי תָּמִיד לְעוֹלָם וָעֶד. כַּכָּתוּב. וְאָכַלְתָּ וְשָׂבָעְתָּ וּבֵרַכְתָּ אֶת־יְיָ אֱלֹהֶיךָ עַל־הָאָרֶץ הַטֹּבָה אֲשֶׁר נָתַן־לָךְ. בָּרוּךְ אַתָּה יְיָ עַל־הָאָרֶץ וְעַל הַמָּזוֹן:

For all this, O Lord, our God, we render thanks to Thee and bless Thee. Blessed be Thy Name in the mouth of all that lives, continually and for evermore: as it is written: 'And thou shalt eat, and be satisfied, and shalt bless the Lord thy God for the good land which He hath given thee' (*Deut.* VIII, 10). Blessed art Thou, O Lord, for the Land and for the sustenance.

רַחֶם־נָא יְיָ אֱלֹהֵינוּ עַל יִשְׂרָאֵל עַמֶּךָ וְעַל יְרוּשָׁלַיִם עִירֶךָ וְעַל צִיּוֹן מִשְׁכַּן כְּבוֹדֶךָ וְעַל מַלְכוּת בֵּית דָּוִד מְשִׁיחֶךָ וְעַל הַבַּיִת הַגָּדוֹל וְהַקָּדוֹשׁ שֶׁנִּקְרָא שִׁמְךָ עָלָיו: אֱלֹהֵינוּ אָבִינוּ רְעֵנוּ זוּנֵנוּ פַּרְנְסֵנוּ וְכַלְכְּלֵנוּ וְהַרְוִיחֵנוּ וְהַרְוַח לָנוּ יְיָ אֱלֹהֵינוּ מְהֵרָה מִכָּל צָרוֹתֵינוּ: וְנָא אַל תַּצְרִיכֵנוּ יְיָ אֱלֹהֵינוּ לֹא לִידֵי מַתְּנַת בָּשָׂר וָדָם וְלֹא לִידֵי הַלְוָאָתָם כִּי אִם לְיָדְךָ הַמְּלֵאָה הַפְּתוּחָה הַקְּדוֹשָׁה וְהָרְחָבָה שֶׁלֹּא נֵבוֹשׁ וְלֹא נִכָּלֵם לְעוֹלָם וָעֶד:

Have mercy, O Lord, our God, upon Israel Thy people, and upon Jerusalem Thy city, and upon Zion the abiding-place of Thy glory, and upon the kingdom of the house of David, Thine anointed, and upon the great and holy House which is called by Thy Name. O our God, our Father! do Thou pasture us, sustain us, support us, maintain us, and deliver us! Deliver us, O Lord, our God, speedily from all our troubles. And we beseech Thee, O Lord, our God, make us not dependent upon the gifts of flesh and blood, nor upon their loans, but only upon Thy full, open, holy, and ample hand: so that we may not be ashamed nor abashed for ever and ever.

Egyptian statuette from the Middle Kingtom (19th — 18th Centuries B.C.E.). Jerusalem is mentioned for the first time in the inscription on it.

פסל מצרי זעיר מימי הממלכה המצרית התיכונה (המאה הי״ח-י״ט). בכתובת שעליו נזכרת, לראשונה, ירושלים.

וּבְנֵה יְרוּשָׁלַיִם
עִיר הַקֹּדֶשׁ
בִּמְהֵרָה בְיָמֵינוּ.
בָּרוּךְ אַתָּה יְיָ
בּוֹנֶה בְרַחֲמָיו יְרוּשָׁלָיִם.
אָמֵן:

And build Thou Jerusalem the holy city speedily in our days: blessed art Thou, O Lord. Rebuilder, in His mercy, of Jerusalem: Amen!

בָּרוּךְ אַתָּה יְיָ אֱלֹהֵינוּ מֶלֶךְ הָעוֹלָם הָאֵל אָבִינוּ מַלְכֵּנוּ אַדִּירֵנוּ בּוֹרְאֵנוּ גּוֹאֲלֵנוּ יוֹצְרֵנוּ קְדוֹשֵׁנוּ קְדוֹשׁ יַעֲקֹב רוֹעֵנוּ רוֹעֵה יִשְׂרָאֵל הַמֶּלֶךְ הַטּוֹב וְהַמֵּטִיב לַכֹּל שֶׁבְּכָל יוֹם וָיוֹם הוּא הֵטִיב הוּא מֵטִיב הוּא יֵטִיב לָנוּ. הוּא גְמָלָנוּ הוּא גוֹמְלֵנוּ הוּא יִגְמְלֵנוּ לָעַד לְחֵן וּלְחֶסֶד וּלְרַחֲמִים וּלְרֶוַח הַצָּלָה וְהַצְלָחָה בְּרָכָה וִישׁוּעָה נֶחָמָה פַּרְנָסָה וְכַלְכָּלָה וְרַחֲמִים וְחַיִּים וְשָׁלוֹם וְכָל טוֹב וּמִכָּל טוּב אַל יְחַסְּרֵנוּ:

Blessed art Thou, O Lord, our God, King of the Universe: O God, our Father, our King, our Mighty One, our Creator, our Redeemer, our Maker, our Holy One, the Holy One of Jacob: our Shepherd, the Shepherd of Israel: the good King, who doth good to all, who, upon every day did good, doth good, and will do good unto us. He hath bestowed, He doth bestow, He will bestow benefits upon us always, for grace, lovingkindness, mercy and deliverance: protection, prosperity, blessing, salvation, comfort, support, sustenance, mercy, life, peace and all good; and all good may He never let us lack!

הָרַחֲמָן הוּא יִמְלוֹךְ עָלֵינוּ לְעוֹלָם וָעֶד: הָרַחֲמָן הוּא יִתְבָּרַךְ בַּשָּׁמַיִם וּבָאָרֶץ: הָרַחֲמָן הוּא יִשְׁתַּבַּח לְדוֹר דּוֹרִים וְיִתְפָּאַר בָּנוּ לָנֶצַח נְצָחִים וְיִתְהַדַּר בָּנוּ לָעַד וּלְעוֹלְמֵי עוֹלָמִים: הָרַחֲמָן הוּא יְפַרְנְסֵנוּ בְּכָבוֹד: הָרַחֲמָן הוּא יִשְׁבּוֹר עֻלֵּנוּ מֵעַל צַוָּארֵנוּ וְהוּא יוֹלִיכֵנוּ קוֹמְמִיּוּת לְאַרְצֵנוּ: הָרַחֲמָן הוּא יִשְׁלַח בְּרָכָה מְרֻבָּה בַּבַּיִת הַזֶּה וְעַל שֻׁלְחָן זֶה שֶׁאָכַלְנוּ עָלָיו: הָרַחֲמָן הוּא יִשְׁלַח לָנוּ אֶת אֵלִיָּהוּ הַנָּבִיא זָכוּר

May the All-Merciful reign over us, for ever and ever! May the All-Merciful be blessed in heaven and on earth! May the All-Merciful be praised for all generations, and may He be glorified through us for all ages, and exalted through us for ever, and for all eternity! May the All-Merciful grant us honourable sustenance! May the All-Merciful break the yoke from off our neck, and may He lead us upright to our land! May the All-Merciful send

לַטּוֹב וִיבַשֶּׂר־לָנוּ בְּשׂוֹרוֹת טוֹבוֹת יְשׁוּעוֹת וְנֶחָמוֹת: הָרַחֲמָן הוּא יְבָרֵךְ אֶת אָבִי מוֹרִי בַּעַל הַבַּיִת הַזֶּה וְאֶת אִמִּי מוֹרָתִי בַּעֲלַת הַבַּיִת הַזֶּה אוֹתָם וְאֶת בֵּיתָם וְאֶת זַרְעָם וְאֶת כָּל אֲשֶׁר לָהֶם (ואם הוא נשוי אומר) אוֹתִי וְאֶת אִשְׁתִּי וְאֶת זַרְעִי וְאֶת כָּל אֲשֶׁר לִי אוֹתָנוּ וְאֶת כָּל אֲשֶׁר לָנוּ כְּמוֹ שֶׁנִּתְבָּרְכוּ אֲבוֹתֵינוּ אַבְרָהָם יִצְחָק וְיַעֲקֹב בַּכֹּל מִכֹּל כֹּל כֵּן יְבָרֵךְ אוֹתָנוּ כֻּלָּנוּ יַחַד בִּבְרָכָה שְׁלֵמָה וְנֹאמַר אָמֵן:

an ample blessing to this house, and upon this table whereon we have eaten! May the All-Merciful send us Elijah the Prophet (may he be remembered for good!), who shall proclaim us good tidings, salvation and comfort. May the All-Merciful bless all that sit here — them, their households, their offspring, and all that is theirs: us, and all that is ours. As our fathers Abraham, Isaac, and Jacob were blessed 'in all' (*Gen.* XXIV, 1), 'of all' (XXVII, 33), 'in respect of all' (XXXIII, 11) so may He bless us all together with a perfect blessing: and let us say, Amen!

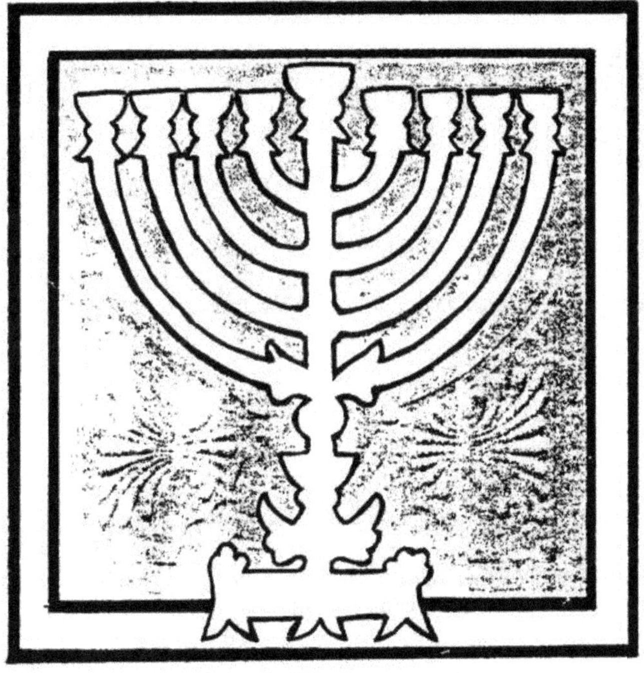

On Sabbath Eve say:

בשבת אומרים:

רְצֵה וְהַחֲלִיצֵנוּ יְיָ אֱלֹהֵינוּ בְּמִצְוֹתֶיךָ וּבְמִצְוַת יוֹם הַשְּׁבִיעִי הַשַּׁבָּת הַגָּדוֹל וְהַקָּדוֹשׁ הַזֶּה. כִּי יוֹם זֶה גָּדוֹל וְקָדוֹשׁ הוּא לְפָנֶיךָ לִשְׁבָּת-בּוֹ וְלָנוּחַ בּוֹ בְּאַהֲבָה כְּמִצְוַת רְצוֹנֶךָ. בִּרְצוֹנְךָ הָנִיחַ לָנוּ יְיָ אֱלֹהֵינוּ שֶׁלֹּא תְהֵי צָרָה וְיָגוֹן וַאֲנָחָה בְּיוֹם מְנוּחָתֵנוּ. וְהַרְאֵנוּ יְיָ אֱלֹהֵינוּ בְּנֶחָמַת צִיּוֹן עִירֶךָ וּבְבִנְיַן יְרוּשָׁלַיִם עִיר קָדְשֶׁךָ כִּי אַתָּה בַּעַל הַיְשׁוּעוֹת וּבַעַל הַנֶּחָמוֹת:

Be pleased, O Lord, our God, to prosper us by Thy precepts, and especially by the precept concerning the seventh day, the great and holy Sabbath. For this day is great and holy before Thee, that we may rest thereon and repose thereon in love, according to Thy gracious precept. By Thy grace, O Lord, our God, grant us repose, that there may be no trouble nor sorrow nor lamentation upon our day of rest: and cause us to see the consolation of Zion Thy city, and the building of Jerusalem Thy holy city: for Thou art He who is Lord of redemption and Lord of consolation.

אֱלֹהֵינוּ וֵאלֹהֵי אֲבוֹתֵינוּ יַעֲלֶה וְיָבֹא וְיַגִּיעַ וְיֵרָאֶה וְיֵרָצֶה וְיִשָּׁמַע וְיִפָּקֵד וְיִזָּכֵר זִכְרוֹנֵנוּ וּפִקְדוֹנֵנוּ וְזִכְרוֹן אֲבוֹתֵינוּ. וְזִכְרוֹן מָשִׁיחַ בֶּן דָּוִד עַבְדֶּךָ. וְזִכְרוֹן יְרוּשָׁלַיִם עִיר קָדְשֶׁךָ. וְזִכְרוֹן כָּל עַמְּךָ בֵּית יִשְׂרָאֵל לְפָנֶיךָ. לִפְלֵטָה לְטוֹבָה לְחֵן וּלְחֶסֶד וּלְרַחֲמִים לְחַיִּים וּלְשָׁלוֹם בְּיוֹם חַג הַמַּצּוֹת הַזֶּה. זָכְרֵנוּ יְיָ אֱלֹהֵינוּ בּוֹ לְטוֹבָה. וּפָקְדֵנוּ בוֹ לִבְרָכָה: וְהוֹשִׁיעֵנוּ בוֹ לְחַיִּים. וּבִדְבַר יְשׁוּעָה וְרַחֲמִים חוּס וְחָנֵּנוּ וְרַחֵם עָלֵינוּ וְהוֹשִׁיעֵנוּ כִּי אֵלֶיךָ עֵינֵינוּ כִּי אֵל חַנּוּן וְרַחוּם אָתָּה:

Our God, and God of our Fathers! May there ascend, and come, and arrive, and be seen, and accepted, and heard, and visited, and remembered — our remembrance, and our visitation, and the remembrance of our Fathers, and the remembrance of the anointed Messiah, son of David Thy servant, and the remembrance of Jerusalem Thy holy city, and the remembrance of the whole of Thy people the house of Israel: for deliverance, and for good, and for grace, and for lovingkindness, and for mercy, and for life, and for peace, before Thee, upon this day, the Feast of Unleavened Bread. Remember us thereon, O Lord, our God, for good, and visit us thereon for a blessing, and save us thereon for life: through tidings of redemption and mercy pity us and show us grace, and be merciful unto us and redeem us, for to Thee are our eyes turned, for Thou art a gracious and merciful God and King.

בַּמָּרוֹם יְלַמְּדוּ עֲלֵיהֶם וְעָלֵינוּ זְכוּת שֶׁתְּהֵי לְמִשְׁמֶרֶת שָׁלוֹם וְנִשָּׂא
בְרָכָה מֵאֵת יְיָ וּצְדָקָה מֵאֱלֹהֵי יִשְׁעֵנוּ: וְנִמְצָא חֵן וְשֵׂכֶל טוֹב בְּעֵינֵי
אֱלֹהִים וְאָדָם:

Upon high, may there be pleaded merit for us, which shall be for a store of peace: and may we receive a blessing from the Lord, and righteousness from the God of our salvation, so that we may find grace and good understanding in the sight of God and man!

On Sabbath say: בשבת מוסיפים

הָרַחֲמָן הוּא יַנְחִילֵנוּ יוֹם שֶׁכֻּלּוֹ שַׁבָּת וּמְנוּחָה לְחַיֵּי הָעוֹלָמִים:

(May the All-Merciful cause us to inherit that day which shall be altogether Sabbath and repose, in life everlasting!)

הָרַחֲמָן

הוּא יַנְחִילֵנוּ לְיוֹם שֶׁכֻּלּוֹ טוֹב לְיוֹם שֶׁכֻּלּוֹ אָרוּךְ לְיוֹם שֶׁהַצַּדִּיקִים יוֹשְׁבִים וְעַטְרוֹתֵיהֶם בְּרָאשֵׁיהֶם וְנֶהֱנִים
מִזִּיו הַשְּׁכִינָה וִיהִיֶה חֶלְקֵנוּ עִמָּהֶם:

May the All-Merciful cause us to inherit that day which shall be altogether Holy-Day! May the All-Merciful make us worthy of the days of the Messiah and the life of the world to come!

הָרַחֲמָן

הוּא יַנְחִילֵנוּ יוֹם שֶׁכֻּלּוֹ טוֹב: הָרַחֲמָן הוּא יְזַכֵּנוּ לִימוֹת הַמָּשִׁיחַ וּלְחַיֵּי הָעוֹלָם הַבָּא: מִגְדּוֹל יְשׁוּעוֹת מַלְכּוֹ
וְעֹשֶׂה חֶסֶד לִמְשִׁיחוֹ לְדָוִד וּלְזַרְעוֹ עַד עוֹלָם: עֹשֶׂה שָׁלוֹם בִּמְרוֹמָיו הוּא יַעֲשֶׂה שָׁלוֹם עָלֵינוּ וְעַל כָּל
יִשְׂרָאֵל וְאִמְרוּ אָמֵן:

'He is a tower of deliverance to His king, and sheweth lovingkindness to His anointed, to David and to his seed, for evermore!' (*II Sam.* XXII, 51). He who maketh peace in His high places, may He make peace for us and for all Israel: and say ye, Amen!

יְראוּ אֶת יְיָ קְדֹשָׁיו כִּי אֵין מַחְסוֹר לִירֵאָיו: כְּפִירִים רָשׁוּ וְרָעֵבוּ וְדֹרְשֵׁי יְיָ לֹא יַחְסְרוּ
כָל־טוֹב: הוֹדוּ לַיְיָ כִּי טוֹב כִּי לְעוֹלָם חַסְדּוֹ: פּוֹתֵחַ אֶת־יָדֶךָ וּמַשְׂבִּיעַ לְכָל־חַי רָצוֹן:
בָּרוּךְ הַגֶּבֶר אֲשֶׁר יִבְטַח בַּיְיָ וְהָיָה יְיָ מִבְטַחוֹ: נַעַר הָיִיתִי גַּם־זָקַנְתִּי וְלֹא־רָאִיתִי צַדִּיק
נֶעֱזָב וְזַרְעוֹ מְבַקֶּשׁ־לָחֶם: יְיָ עֹז לְעַמּוֹ יִתֵּן יְיָ יְבָרֵךְ אֶת־עַמּוֹ בַשָּׁלוֹם:

'Fear the Lord, ye His saints, for there is no want to them that fear Him. The young lions do lack, and suffer hunger, but they that seek the Lord shall not want any good thing' (*Ps.* XXXIV, 9-10). 'O give thanks unto the Lord, for He is good, for His mercy endureth for ever' (*Ps.* CXVIII, 1). 'Thou openest Thy hand and satisfiest every living thing with favour' (*Ps.* CXLV, 16). 'Blessed is the man that trusteth in the Lord, and whose trust the Lord is' (*Ps.* XL, 4). 'I have been young and now am old; yet have I not seen the righteous forsaken nor his seed begging their bread' (*Ps.* XXXVII, 25). 'The Lord will give strength unto His people: the Lord will bless His people with peace' (*Ps.* XXIX, 11).

THE PALACE OF LIBERATION AND CELEBRATION.

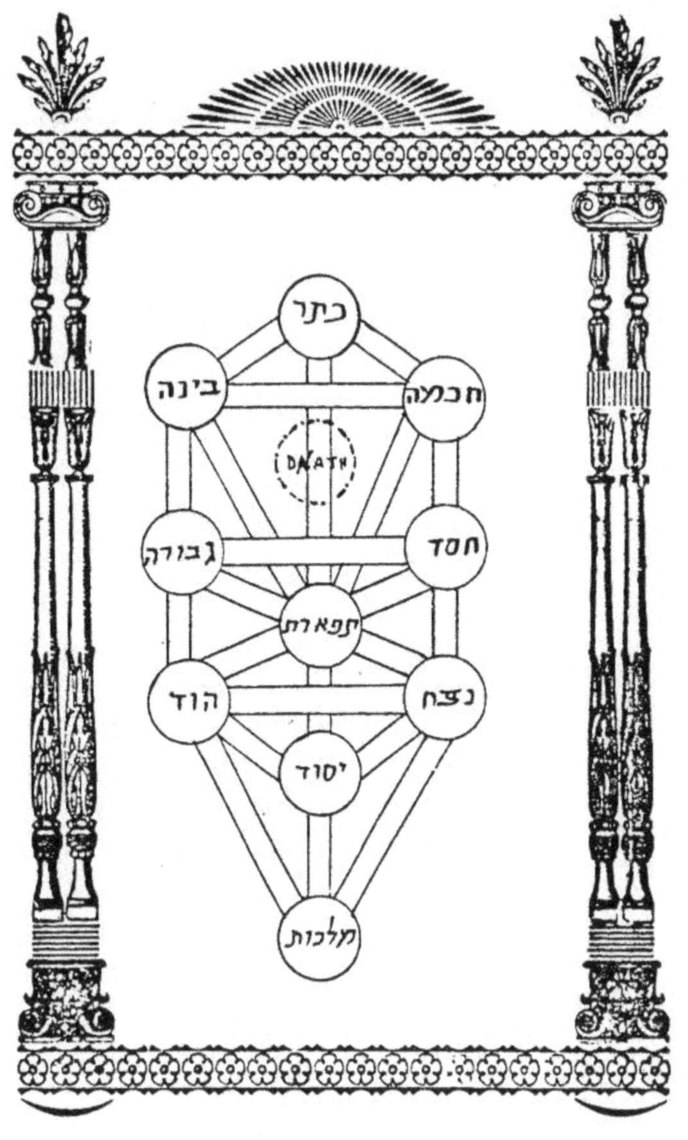

FIFTH CHAMBER.

NOW AND HERE, AFTER THE CHOICE WE MADE TO LIBERATION, LET US CELEBRATE IN THE JOY OF OUR HEARTS, AND SOUND OUR SONG TO ALL THE INHABITANTS OF THIS PLANET. EVERY TIME IS THE GOOD TIME TO CELEBRATE, EVERY PLACE IS GOOD TO CELEBRATE LIBERATION.

AFTER FEEDING THE BODY IN WHICH LIVES THE LIGHT OF THE CREATOR, REJOICE FOR THE HOLY MOMENT OF BEING TOGETHER AND SHARING THE JOY OF MAKING THE COMMITTMENT TO REVERE LIFE AND ALL LIVING BEINGS EVERYWHERE.

IN THIS SPACE WE FIND PEACE WITHIN OUR HEART, AND WE DECIDE NOW NOT TO TAKE FOR GRANTED ALL THE GIFTS OF LIFE, AND CELEBRATE, EVERY MOMENT WHILE WE BREATHE, THE LIGHT OF GOD ON THIS EARTH.

May we find the right time to celebrate, with the right people, in the right place, and that can be everywhere.

So let us fill our heart with the breath of joy, and radiate from here at this moment that light of being and becoming in the presence of our Creator, Maker who fashioned us in the IMAGE OF THE UNIVERSE. SO BE IT . *A*M*E*N*.

Narrator 5 : -

When the king of Egypt was told that the people had fled, Pharoah and his courtiers had a change of heart about the people and said, "What is this we have done, releasing Israel from our service?" He ordered his chariot and took his men with him; he took six hundred of his picked chariots, and the rest of the chariots of Egypt, with officers in all of them. The Lord stiffened the heart of Pharoah, king of Egypt, and he gave chase to the Israelites. As the Israelites were departing boldly, the Egyptians gave chase to them, and the chariot horses of Pharoah, his horsemen, and his warriors overtook them encamped by the sea, near Pihahiroth, before Baal-zephon.

As Pharoah drew near, the Israelites caught sight of the Egyptians advancing upon them. Greatly frightened, the Israelites cried out to the Lord. And they said to Moses,

Together: Was it because there were no graves in Egypt that you brought us to die in the wilderness? What have you done to us, taking us out of Egypt? Is this not the very thing we told you in Egypt, saying, "Let us be, and we will serve the Egyptians, for it is better to serve the Egyptians than to die in the wilderness?"

Moses: Have no fear! Stand by, and witness the deliverance which the Lord will work for you today; for the Egyptians whom you see today, you will never see again. The Lord will battle for you; you hold your peace!

God: Why do you cry out to Me? Tell the Israelites to go forward. And you lift up your rod and hold out your arm over the sea and split it, so that the Israelites may march into the sea on dry ground. And I will stiffen the hearts of the Egyptians so that they go in after them. And I will assert my authority against Pharoah and all his warriors, his chariots and his horsemen. Let the Egyptians know that I am Lord, when I assert My authority against Pharoah, his chariots and his horsemen.

The angel of God, who had been going ahead of the Israelite army, now moved and followed behind them; and the pillar of cloud shifted from in front of them and took up a place behind them, and it came between the army of the Egyptians and the army of Israel. Thus there was the cloud with the darkness, and it cast a spell upon the night, so that the one could not come near the other all through the night.

Then Moses held out his arm over the sea and the Lord drove back the sea with a strong east wind all that night, and turned the sea into dry ground. The waters were split, and the Israelites went into the sea on dry ground, the waters forming a wall for them on their right and on their left. The Egyptians came in pursuit after them into the sea, all of Pharoah's horses, chariots, and horsemen. At the morning watch, the Lord looked down upon the Egyptian army from a pillar of fire and cloud, and threw the Egyptian army into panic. He locked the wheels of their chariots so that they moved forward with difficulty. And the Egyptians said, "Let us flee from the Israelites, for the Lord is fighting for them against Egypt."

Then the Lord said to Moses, "Hold out your arm over the sea, that the waters may come back upon the Egyptians and upon their chariots and upon their horsemen." Moses held out his arm over the sea, and at daybreak the sea returned to its normal state, and the Egyptians fled at its approach. But the Lord hurled the Egyptians into the sea. The waters turned back and covered the chariots and the horsemen -- Pharoah's entire army that had followed after them into the sea; not one of them remained. But the Israelites marched through the sea on dry ground, the waters forming a wall for them on their right and on their left.

Thus the Lord delivered Israel that day from the Egyptians. Israel saw the Egyptians dead on the shore of the sea. And when Israel saw the wondrous power which the Lord had wielded against the Egyptians, the people feared the Lord; they had faith in the Lord and in the servant Moses.

Narrator 6 : -

The Talmud teaches us that, "The Holy One, Baruch HaShem, proceeded reluctantly against the Egyptians at the Red Sea. He said: "These are my creatures, and those are my creatures. How can I destroy one group for the sake of the other?"

"And when the angels wanted to sing their song, at the hour that the Egyptains were drowning in the sea, the Holy One, Baruch HaShem, said to them: 'The works of my hands are drowning in the sea, and you want to sing?'"

And yet, God did not stop Israel from singing. Perhaps because of the accumulated anger and pain that had to be wrenched out against the enemy.

Ceremonial leader : -

We now pour wine for the last cup tonight, the CUP OF THE PROPHET ELIAHU, the invisible guest in every household celebrating this holy ceremony.

Let us open the door for the coming of ELIYAHU HANAVI, THE PROPHET WHO BRIDGES THE LIBERATION FROM THE PAST to the liberation of the future.

Together : -

" Welcome beloved prophet of wisdom and knowledge. we are waiting for you to radiate, and emanate your love and guidance upon all of us here, and all who are waiting for you in the door of their hearts."

" Bring us joy on the wings of the bright eagle of freedom, open our hearts to recognize the hints from the inner murmures of the SOUL, and allow us to get caught in the web of the song of the inner being and guide, to praise thy presence within us and all humanity at this auspicious holy moment. "

" Let us realize the oneness of our being, the state beyond male or female, and merge with the splendeur of the one light of restoration within and without, so that we may be the manifestation of wisdom and knowledge with joy and love. "

" SO IT IS SAID, AND SO IT IS DONE, AS THE SOUL CALLS FROM THE TOP OF THE MOUNTAIN FOR ALL HUMANITY TO RESPOND WITH LOVE AND EAGERNESS TO EMANATE THE FREEDOM WITHIN, AND LIVE ACCORDING TO THE LAWS OF NATURE WITHIN ALL OUR BEING." * A * M * E * N *

Speaker : -

We look forward to the time, we work for the time when the words of the prophet ISAIAH will be fulfilled :

" AND THEY SHALL BEAT THEIR SWORDS INTO PLOWSHARES,
AND THEIR SPEARS INTO PRUNING HOOKS.
NATION SHALL NOT LIFT UP SWORD AGAINST NATION,
NEITHER SHALL THEY LEARN WAR ANY MORE. " (Isaiah 2"4)

In that day Israel will be the third with Egypt and Assyria, a blessing in the midst of the earth, whom the Lord of hosts has blessed, saying :

" BLESSED BE EGYPT MY PEOPLE,
AND ASSYRIA THE WORK OF MY HANDS,
AND ISRAEL MY HERITAGE. " (Isaiah 20:25)

Together : -

NATION SHALL NOT LIFT UP SWORD AGAINST NATION,
NEITHER SHALL THEY LEARN WAR ANY MORE.

Speaker : -

Now we bless the wine of the last cup of the future, the cup of true liberation for Israel and for all humanity in the time to come.

Together : -

Behold, I am ready and prepared to fulfill the commandment of the Fifth cup, for the sake of the unification of the HOLY ONE and His HOLY SHEKHINAH, by means of the Hidden and the Concealed, in the name of all YOD, SHIN, REISH, ALEPH, LAMMED. I S R A E L .

BLESSED ART THOU, THE CENTER AND THE SOURCE OF THE UNIVERSE, WHO HAST PROMISED US A WORLD OF PEACE, JUSTICE AND FREEDOM.

BLESSED ART THOU, EMPOWERER AND THE LIGHT OF THE UNIVERSE, WHO DOST STRENGTHEN US TO BUILD THAT WORLD.

BLESSED ART THOU, O LORD OUR GOD MASTER AND KING OF THE UNIVERSE WHO STRENGTHENED OUR ANCESTORS TO WIN THE LIBERTY AND FULFILL THE PROMISE TO END THE CAPTIVITY IN EGYPT.

בָּרוּךְ אַתָּה יְיָ אֱלֹהֵינוּ מֶלֶךְ הָעוֹלָם בּוֹרֵא פְּרִי הַגָּפֶן:

BLESSED ART THOU, ADONAI ELOHENOU, THE CENTER AND THE SOURCE OF THE UNIVERSE, WHO CREATES THE FRUIT OF THE VINE.

בָּרוּךְ אַתָּה יְיָ אֱלֹהֵינוּ מֶלֶךְ הָעוֹלָם. אֲשֶׁר גְּאָלָנוּ וְגָאַל אֶת־אֲבוֹתֵינוּ מִמִּצְרַיִם. וְהִגִּיעָנוּ לַלַּיְלָה הַזֶּה לֶאֱכָל־בּוֹ מַצָּה וּמָרוֹר: כֵּן יְיָ אֱלֹהֵינוּ וֵאלֹהֵי אֲבוֹתֵינוּ הַגִּיעֵנוּ לְמוֹעֲדִים וְלִרְגָלִים אֲחֵרִים הַבָּאִים לִקְרָאתֵנוּ לְשָׁלוֹם שְׂמֵחִים בְּבִנְיַן עִירֶךָ וְשָׂשִׂים בַּעֲבוֹדָתֶךָ. וְנֹאכַל שָׁם מִן הַזְּבָחִים וּמִן הַפְּסָחִים אֲשֶׁר יַגִּיעַ דָּמָם עַל קִיר מִזְבַּחֲךָ לְרָצוֹן. וְנוֹדֶה לְךָ שִׁיר חָדָשׁ עַל גְּאֻלָּתֵנוּ וְעַל פְּדוּת נַפְשֵׁנוּ: בָּרוּךְ אַתָּה יְיָ גָּאַל יִשְׂרָאֵל:

Blessed art Thou, O Lord, King of the Universe, who redeemed us, and redeemed our Fathers, from Egypt, and enabled us to reach this night, whereon to eat unleavened bread and bitter herb. Likewise, O Lord our God and God of our Fathers, do Thou enable us to reach other anniversaries and feasts (may they come to us in peace!), joyous in the building of Thy city and exultant in Thy service. There shall we partake of the sacrifices and of the Paschal offerings the blood of which shall be acceptably sprinkled upon the wall of Thy altar: and there shall we chant unto Thee a New Song, for our redemption and for the salvation of our beings. Blessed art Thou, O Lord, who redeemed Israel!

כוס אליהו הנביא,
אוסטריה, המאה הי״ט.

Goblet of Elijah the Prophet, Austria, 19th Century.

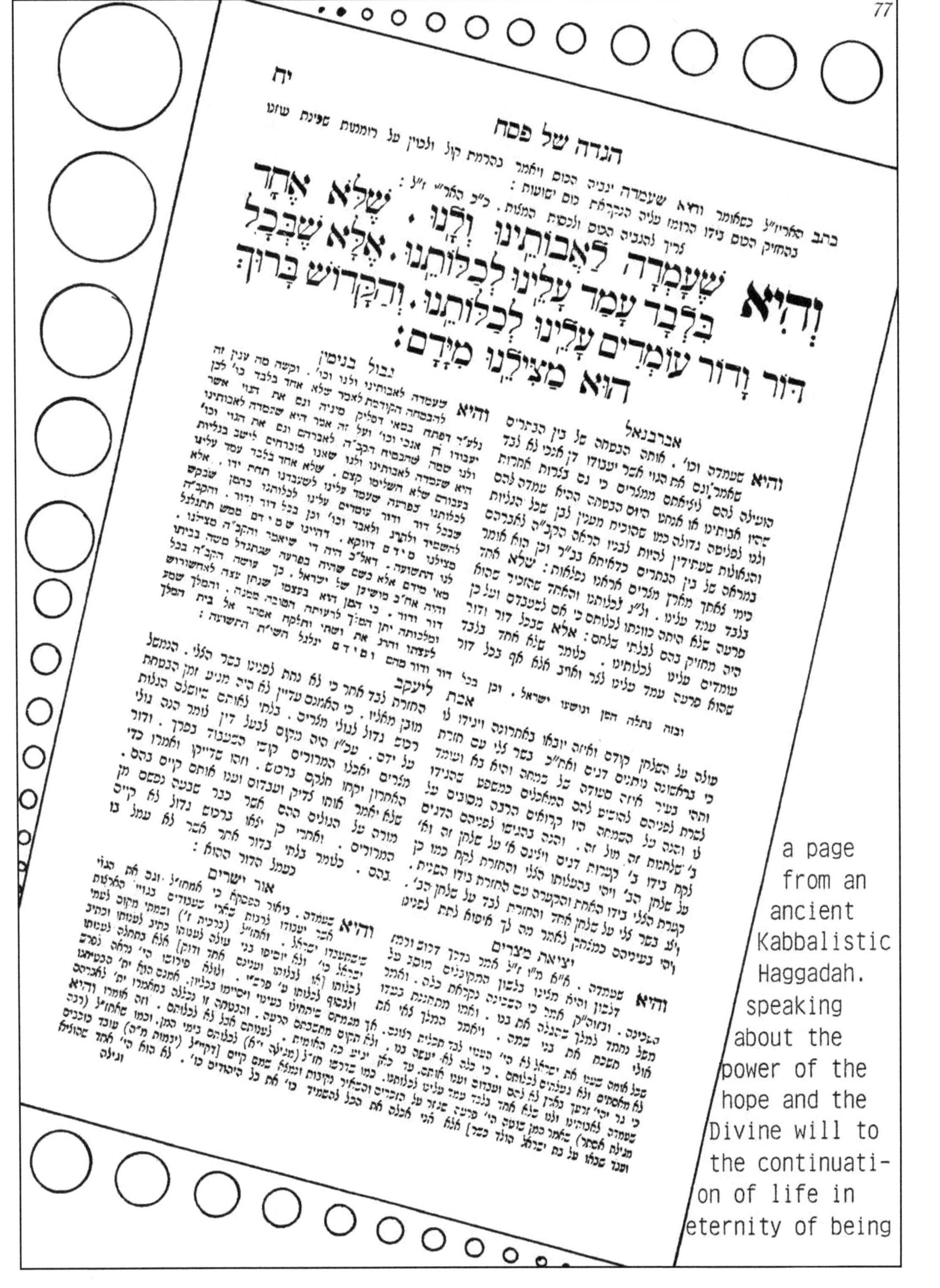

יח

הגדה של פסח

וְהִיא שֶׁעָמְדָה לַאֲבוֹתֵינוּ וְלָנוּ. שֶׁלֹּא אֶחָד בִּלְבָד עָמַד עָלֵינוּ לְכַלּוֹתֵנוּ. אֶלָּא שֶׁבְּכָל דּוֹר וָדוֹר עוֹמְדִים עָלֵינוּ לְכַלּוֹתֵנוּ. וְהַקָּדוֹשׁ בָּרוּךְ הוּא מַצִּילֵנוּ מִיָּדָם:

גבול בנימין

אברבנאל

אור ישרים

יציאת מצרים

a page from an ancient Kabbalistic Haggadah. speaking about the power of the hope and the Divine will to the continuation of life in eternity of being

PRAISE, SONGS AND
THANKSGIVING.

HALLEL

This last portion of the HAGGADAH, is to raise our voices to sing the praise to the Creator, and remember who we are, and why we assembled here tonight.
MAY JOY AND BLESSINGS BE WITH YOU.

מִן־הַמֵּצַר קָרָאתִי יָּהּ עָנָנִי בַמֶּרְחָב יָהּ: יְיָ לִי לֹא אִירָא מַה־יַּעֲשֶׂה לִי אָדָם: יְיָ לִי בְּעֹזְרָי וַאֲנִי אֶרְאֶה בְשֹׂנְאָי:
טוֹב לַחֲסוֹת בַּייָ מִבְּטֹחַ בָּאָדָם: טוֹב לַחֲסוֹת בַּייָ מִבְּטֹחַ בִּנְדִיבִים: כָּל־גּוֹיִם סְבָבוּנִי בְּשֵׁם יְיָ כִּי אֲמִילַם: סַבּוּנִי
גַם־סְבָבוּנִי בְּשֵׁם יְיָ כִּי אֲמִילַם: סַבּוּנִי כִדְבֹרִים דֹּעֲכוּ כְּאֵשׁ קוֹצִים בְּשֵׁם יְיָ כִּי אֲמִילַם: דָּחֹה דְחִיתַנִי לִנְפֹּל וַייָ

Out of my straitness I called upon the Lord: the Lord answered me with enlargement. The Lord is for me, I will not fear: what can man do unto me? The Lord is for me among them that help me: therefore shall I see my desire on them that hate me. It is better to trust in the Lord than to confide in man. It is better to trust in the Lord than to confide in princes. All nations compassed me about: in the Name of the Lord I surely cut them down. They compassed me about: yea, they compassed me about: in the Name of the Lord I surely cut them down. They compassed me about like bees — they were extinguished as a fire of thorns — in the Name of the Lord I surely cut them down. Thou didst thrust sore at me that I might fall: but the Lord helped me. The Lord is my strength and song: and He is become my salvation. The voice of exulting and salvation is in the tents of the righteous: the right hand of the Lord doeth valiantly.

עֲזָרָנִי: עָזִּי וְזִמְרָת יָהּ וַיְהִי־לִי לִישׁוּעָה: קוֹל רִנָּה וִישׁוּעָה בְּאָהֳלֵי צַדִּיקִים יְמִין יְיָ עֹשָׂה חָיִל: יְמִין יְיָ רוֹמֵמָה
יְמִין יְיָ עֹשָׂה חָיִל: לֹא־אָמוּת כִּי־אֶחְיֶה וַאֲסַפֵּר מַעֲשֵׂי יָהּ: יַסֹּר יִסְּרַנִּי יָּהּ וְלַמָּוֶת לֹא נְתָנָנִי: פִּתְחוּ־לִי שַׁעֲרֵי־צֶדֶק
אָבֹא־בָם אוֹדֶה יָהּ: זֶה־הַשַּׁעַר לַייָ צַדִּיקִים יָבֹאוּ בוֹ: אוֹדְךָ כִּי עֲנִיתָנִי וַתְּהִי־לִי לִישׁוּעָה: אֶבֶן מָאֲסוּ הַבּוֹנִים הָיְתָה
לְרֹאשׁ פִּנָּה: מֵאֵת יְיָ הָיְתָה זֹּאת הִיא נִפְלָאת בְּעֵינֵינוּ: זֶה־הַיּוֹם עָשָׂה יְיָ נָגִילָה וְנִשְׂמְחָה בוֹ:

The right hand of the Lord is exalted: the right hand of the Lord doeth valiantly. I shall not die but live, and recount the works of the Lord. The Lord hath chastened me sore: but He hath not given me over unto death. Open to me the gates of righteousness: I will enter into them, I will give thanks unto the Lord. This is the gate of the Lord: the righteous may enter into it.

I will give thanks unto Thee, for Thou hast answered unto me, and art become my salvation. The stone which the builders rejected is become the headstone of the corner. This was the Lord's doing; it is marvellous in our eyes. This is the day which the Lord hath made; we will be glad and rejoice thereon.

אָנָּא יְיָ הוֹשִׁיעָה נָּא   אָנָּא יְיָ הוֹשִׁיעָה נָּא:
אָנָּא יְיָ הַצְלִיחָה נָא   אָנָּא יְיָ הַצְלִיחָה נָא:

בָּרוּךְ הַבָּא בְּשֵׁם יְיָ בֵּרַכְנוּכֶם מִבֵּית יְיָ: ברוך אֵל יְיָ וַיָּאֶר לָנוּ אִסְרוּ־חַג בַּעֲבֹתִים עַד־קַרְנוֹת הַמִּזְבֵּחַ: אל
אֵלִי אַתָּה וְאוֹדֶךָּ אֱלֹהַי אֲרוֹמְמֶךָּ: אלי הוֹדוּ לַייָ כִּי־טוֹב כִּי לְעוֹלָם חַסְדּוֹ: הודו

Save, we beseech Thee, O Lord: Save, we beseech Thee, O Lord.
We beseech Thee, O Lord, send prosperity: We beseech Thee, O Lord, send prosperity.
Blessed be he that cometh in the Name of the Lord: we bless you out of the house of the Lord. The Lord is God, He hath given us light: bind the festal offerings with cords, even unto the horns of the altar. Thou art my God, and I will give thanks unto Thee: Thou art my God, I will exalt Thee. O give thanks unto the Lord; for He is good: for His lovingkindness endureth for ever.

בְּצֵאת יִשְׂרָאֵל מִמִּצְרָיִם

בֵּית יַעֲקֹב מֵעַם לֹעֵז: הָיְתָה יְהוּדָה לְקָדְשׁוֹ יִשְׂרָאֵל מַמְשְׁלוֹתָיו: הַיָּם רָאָה
וַיָּנֹס הַיַּרְדֵּן יִסֹּב לְאָחוֹר: הֶהָרִים רָקְדוּ כְאֵילִים גְּבָעוֹת כִּבְנֵי־צֹאן: מַה־לְּךָ
הַיָּם כִּי תָנוּס הַיַּרְדֵּן תִּסֹּב לְאָחוֹר: הֶהָרִים תִּרְקְדוּ כְאֵילִים גְּבָעוֹת כִּבְנֵי־
צֹאן: מִלִּפְנֵי אָדוֹן
חוּלִי אָרֶץ מִלִּפְנֵי
אֱלוֹהַ יַעֲקֹב: הַהֹפְכִי
הַצּוּר אֲגַם־מָיִם
חַלָּמִישׁ לְמַעְיְנוֹ־מָיִם:

וַיְהִי בָעֶרֶב וַתַּעַל הַשְּׂלָו וַתְּכַס אֶת־הַמַּחֲנֶה (שמות טז, יג)

ציור של שלווים במדבר סיני, בימי האביב והסתיו, בנדידתם מסוואן לאירופה וחזרה.

When evening came the quail rose and covered the camp. (*Exodus* XVI, 13)

Drawing of quail in the Wilderness of Sinai in Spring and Autumn, during their migrations to and from Europe.

Ps. CXIV. When Israel went forth out of Egypt, the house of Jacob from a people of strange language; Judah became his sanctuary, Israel his dominion. The sea saw it, and fled; Jordan turned back. The mountains skipped like rams, the hills like lambs. What aileth thee, O thou sea, that thou fleest? Thou Jordan, that thou turnest back? Ye mountains that ye skip like rams? Ye hills, like lambs? At the presence of the Lord tremble, O earth, at the presence of the God of Jacob; who turned the rock into a pool of water, the flint into a fountain of waters.

HALLEL

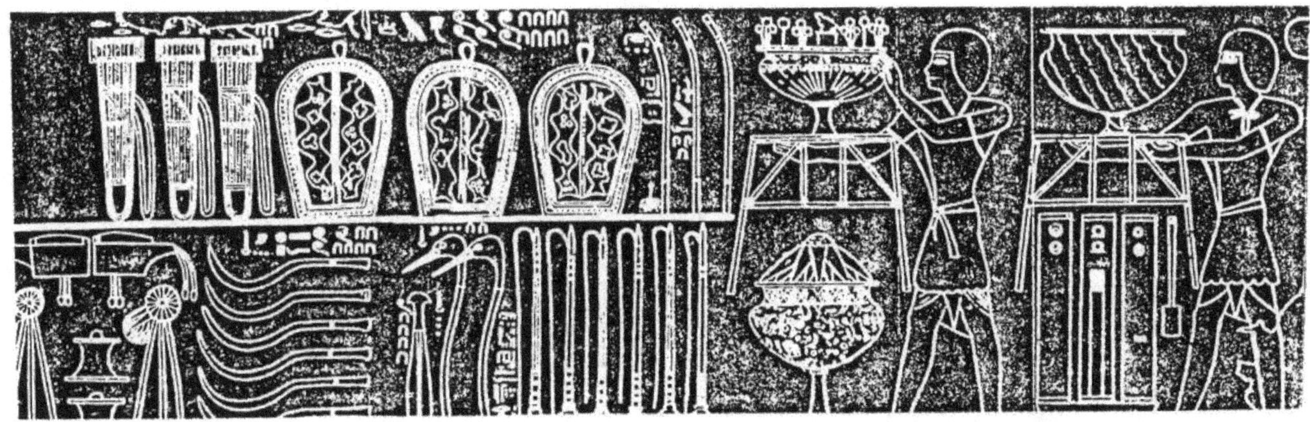

וּבְנֵי־יִשְׂרָאֵל עָשׂוּ כִּדְבַר מֹשֶׁה וַיִּשְׁאֲלוּ מִמִּצְרַיִם כְּלֵי־כֶסֶף וּכְלֵי זָהָב וּשְׂמָלֹת (שמות יב, לה)

And the Children of Israel did what Moses said, and they borrowed silver vessels and gold vessels and garments from the Egyptians. (*Exodus* XII, 35)

אוצר פרעה מקבר קן־אמון בנא־אמון.

The treasures of Pharaoh. From the tomb of Ken-Amon in Thebes.

הַלְלוּיָהּ

הַלְלוּ עַבְדֵי יְיָ הַלְלוּ אֶת־שֵׁם יְיָ: יְהִי שֵׁם יְיָ מְבֹרָךְ מֵעַתָּה וְעַד־עוֹלָם: מִמִּזְרַח־שֶׁמֶשׁ עַד־מְבוֹאוֹ מְהֻלָּל שֵׁם יְיָ: רָם עַל־כָּל־גּוֹיִם יְיָ עַל־הַשָּׁמַיִם כְּבוֹדוֹ: מִי כַּייָ אֱלֹהֵינוּ הַמַּגְבִּיהִי לָשָׁבֶת: הַמַּשְׁפִּילִי לִרְאוֹת בַּשָּׁמַיִם וּבָאָרֶץ: מְקִימִי מֵעָפָר דָּל מֵאַשְׁפֹּת יָרִים אֶבְיוֹן: לְהוֹשִׁיבִי עִם־נְדִיבִים עִם נְדִיבֵי עַמּוֹ: מוֹשִׁיבִי עֲקֶרֶת הַבַּיִת אֵם־הַבָּנִים שְׂמֵחָה הַלְלוּיָהּ:

Praise ye the Lord. Praise, O ye servants of the Lord, praise the Name of the Lord. Let the Name of the Lord be blessed from this time forth and for evermore. From the rising of the sun until the going down thereof the Lord's Name is to be praised. The Lord is high above all nations, and His glory above the heavens. Who is like unto the Lord our God, that dwelleth so high; that looketh down so low upon the heavens and earth! He raiseth up the lowly out of the dust, and lifteth up the needy from the dunghill; that He may set him with princes, even with the princes of His people. He maketh the barren woman to dwell in her house as a joyful mother of children. Praise ye the Lord.

The Exodus from Egypt.
The children of Israel crossing the Red sea.

יציאת מצרים
ובני ישראל עוברים בים ביבשה

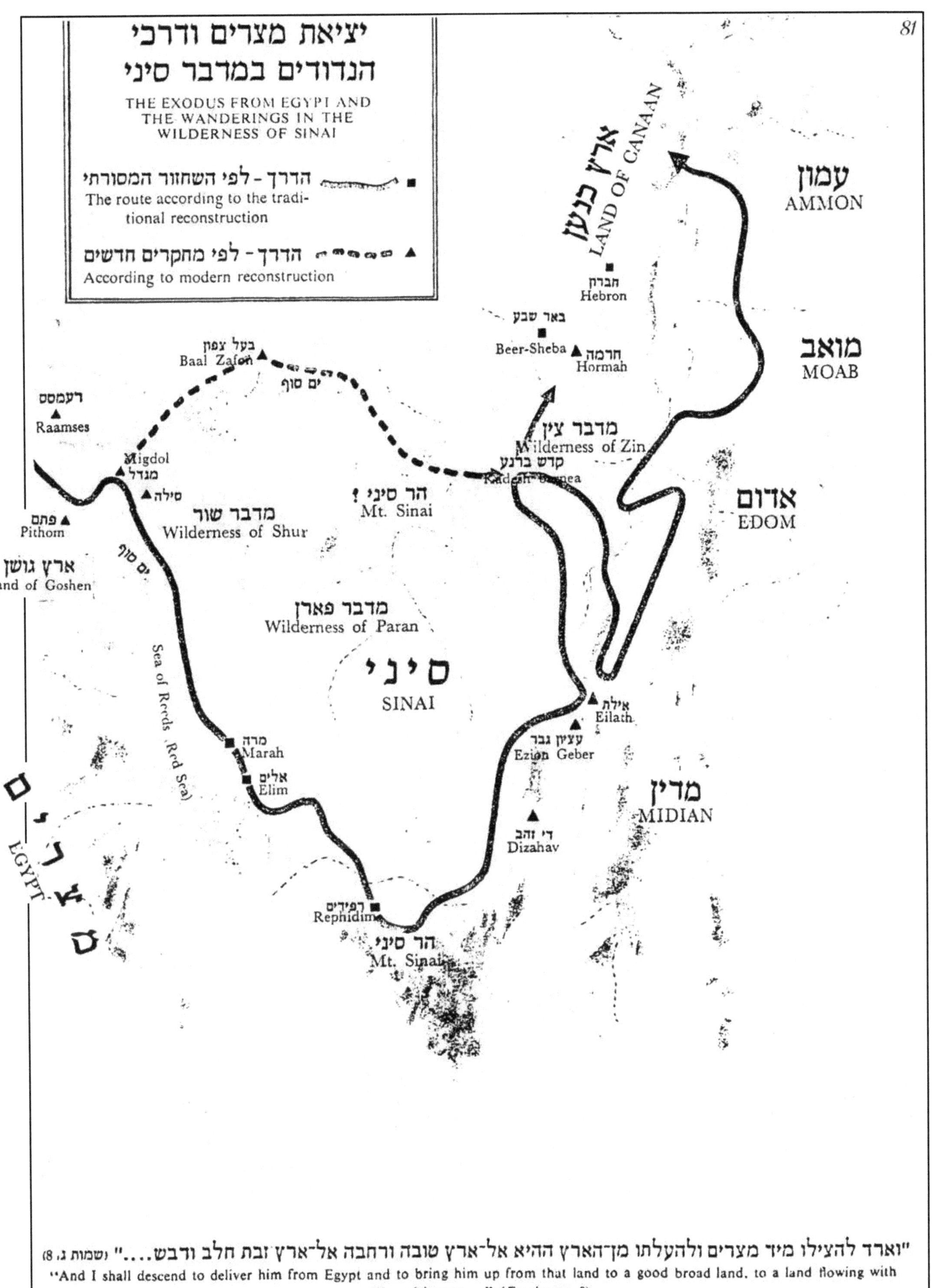

"וארד להצילו מיד מצרים ולהעלתו מן־הארץ ההיא אל־ארץ טובה ורחבה אל־ארץ זבת חלב ודבש..." (שמות ג, 8)

"And I shall descend to deliver him from Egypt and to bring him up from that land to a good broad land, to a land flowing with milk and honey . . ." (*Exodus* III, 8)

Cover the mazzot, raise the goblet and loudly declare:

מכסים את המצות, מרימים את הכוס וקוראים בקול רם:

לְפִיכָךְ אֲנַחְנוּ חַיָּבִים לְהוֹדוֹת

לְהַלֵּל לְשַׁבֵּחַ לְפָאֵר לְרוֹמֵם לְהַדֵּר לְבָרֵךְ לְעַלֵּה וּלְקַלֵּס
לְמִי שֶׁעָשָׂה לַאֲבוֹתֵינוּ וְלָנוּ אֶת כָּל הַנִּסִּים הָאֵלּוּ וְהוֹצִיאָנוּ
מֵעַבְדוּת
לְחֵרוּת
מִיָּגוֹן
לְשִׂמְחָה
מֵאֵבֶל
לְיוֹם טוֹב
וּמֵאֲפֵלָה
לְאוֹר גָּדוֹל
וּמִשִּׁעְבּוּד
לִגְאֻלָּה
וְנֹאמַר לְפָנָיו
(שִׁירָה חֲדָשָׁה)
הַלְלוּיָהּ:

מעמידים את הכוס.

Put the goblet **down**

It is therefore our duty to thank, praise, laud, glorify, exalt, honour, bless, extol, and adore Him who performed for our fathers and for us all of these wonders. He brought us forth from slavery to freedom, from anguish to joy, from mourning to holy-day, from darkness to great light, and from bondage to redemption. Let us sing, therefore, before Him a new song. Hallelujah!

Praise Him with psaltery and harp. (*Psalms* CL, 3)
Bas-relief of harpist. From the tomb of Patenemheb, 14th century B.C.E.

הַלְלוּהוּ בְּנֵבֶל וְכִנּוֹר (תהלים קנ, ג)
תבליט מנגן בנבל (מקברו של פתנמתכל, המאה הי״ד לפה״ס).

And they encamped in the wilderness; and Israel camped there opposite the mountain. (*Exodus* XIX, 2)
Jebel Musa (Mount Moses) in Southern Sinai. The traditional "Mountain of God."

וַיַּחֲנוּ בַּמִּדְבָּר וַיִּחַן־שָׁם יִשְׂרָאֵל נֶגֶד הָהָר. (שמות יט, ב)
ג׳בל מוסא (הר משה) בסיני הדרומי. לפי המסורת "הר האלוהים".

I had a great opportunity to go on a special pilgrimage to the Sinai Desert, and climbed the Holy Mountain of Sinai with reverence with a group of spiritual leaders from all over the world, to offer prayers for PEACE ON THIS PLANET, and in the Middle East.

This auspicious event occurred in the first week of March 1984, and with every step I radiated thoughts of love and Peace toward all beings inhabiting planet earth.

A PRAYER FOR PEACE that I composed for that occasion is included in this Haggadah, which we will invoke by the end of the Seder.

SAMUËL BEN-OR AVITAL

עש"ר　　　עמ"ר　　　בינ"ר

P R A Y E R　FOR　P E A C E .　　ת ְפ ִל ָה　ל ְש ָׁ ל וֹ ם .

1. WE BESEECH THEE, with Thy Great Name's help, Open our hearts, Ancient One, Supreme One, guide our world in the path of PEACE.	א. אָנָּא בְּעֶזְרַת שִׁמְךָ הַגָּדוֹל פְּתַח לְבָבֵנוּ, קַדְמוֹן רָם הַנְחֵה עוֹלָמֵנוּ בְּדַרְכֵי שָׁלוֹם.
2. WE BESEECH THEE, Our God One and Unique, Open our eyes, Let us hear Thy silent voice, strengthen us in the Covenant of PEACE.	ב. אָנָּא הָאֵל יָחִיד הַמְיוּחָד פְּקַח עֵינֵינוּ, הַשְׁמִיעֵנוּ דְּמָמַת קוֹלֶךָ, חַזְּקֵנוּ בִּבְרִית הַשָּׁלוֹם.
3. WE BESEECH THEE, Creator of all, With Thy Will illumine our ways, For the sake of the work of Thy Hand, In our hearts make PEACE.	ג. אָנָּא בּוֹרֵא הַכֹּל, בִּרְצוֹנְךָ הָאֵר דְּרָכֵינוּ, לְמַעַן יְצִירֵי כַּפֶּךָ, בִּלְבָבֵנוּ שִׂים שָׁלוֹם.
4. WE BESEECH THEE, King of the Cosmos, With heart's intention, listen to our outcry, For the sake of Thy Sacred Word, Bless our world with PEACE.	ד. אָנָּא מֶלֶךְ הַיְקוּם, בְּכַוָּנַת-לֵב, הַאֲזֵן לְשַׁוְעָתֵנוּ, לְמַעַן דְּבַר קְדוּשָּׁתֶךָ, בָּרֵךְ עוֹלָמֶךָ בְּשָׁלוֹם.
5. WE BESEECH THEE, our Creator, our Maker, The dweller in the Crown of our Head, Emanate to us Thy good Spirit, With the Joy of PEACE.	ה. אָנָּא בּוֹרְאֵנוּ יוֹצְרֵנוּ עוֹשֵׂנוּ בַּעֲטֶרֶת רֹאשֵׁנוּ, הַאֲצֵל עָלֵינוּ רוּחֲךָ הַטּוֹבָה בְּחֶדְוַת הַשָּׁלוֹם.
6. BLESSED BE Our God, who utters the Word And the world becomes manifest in our being. Our mouth gives thanks, our tongue speaks praise, And our knees bow with PEACE.	ו. בָּרוּךְ אֱלֹהֵינוּ שֶׁאָמַר וְהָיָה הָעוֹלָם בַּהֲוָיָתֵנוּ, פִּינוּ מוֹדֶה, לְשׁוֹנֵנוּ תְּשַׁבֵּחַ, וּבִרְכֵּנוּ תִּכְרַע בְּשָׁלוֹם
7. HEAR our voice, RECEIVE our thanks In the Hour of Thy Will, BLESSED BE THE ONE, who examines the hearts, Who HEARS the prayer of PEACE.	ז. שְׁמַע קוֹלֵנוּ, קַבֵּל תּוֹדָתֵנוּ בִּשְׁעַת רָצוֹן, בָּרוּךְ הַבּוֹחֵן לְבָבוֹת, הַשּׁוֹמֵעַ תְּפִלָּה לְשָׁלוֹם.

בָּרוּךְ שֵׁם כְּבוֹד מַלְכוּתוֹ לְעוֹלָם וָעֶד.
אֲדוֹן הַכֹּל יָחִיד הָיָה הֹוֶה וְיִהְיֶה.

Samuel Ben-Or Avital.
January 30,1984.
Boulder,Colorado.

שמואל בן-אור אביטל.
יום ב׳ כ"ז שבט. ה.תשמ"ד.
בולדר, קולורדו.

נִשְׁמַת כָּל־חַי תְּבָרֵךְ אֶת־שִׁמְךָ יְיָ אֱלֹהֵינוּ

וְרוּחַ כָּל־בָּשָׂר תְּפָאֵר וּתְרוֹמֵם זִכְרְךָ מַלְכֵּנוּ תָּמִיד. מִן הָעוֹלָם וְעַד־הָעוֹלָם אַתָּה אֵל. וּמִבַּלְעָדֶיךָ אֵין לָנוּ מֶלֶךְ גּוֹאֵל וּמוֹשִׁיעַ פּוֹדֶה וּמַצִּיל וּמְפַרְנֵס וּמְרַחֵם בְּכָל־עֵת צָרָה וְצוּקָה. אֵין לָנוּ מֶלֶךְ אֶלָּא אָתָּה: אֱלֹהֵי הָרִאשׁוֹנִים וְהָאַחֲרוֹנִים. אֱלוֹהַּ כָּל־בְּרִיּוֹת אֲדוֹן כָּל־תּוֹלָדוֹת הַמְהֻלָּל בְּרֹב הַתִּשְׁבָּחוֹת הַמְנַהֵג עוֹלָמוֹ בְּחֶסֶד וּבְרִיּוֹתָיו בְּרַחֲמִים. וַיְיָ לֹא־יָנוּם וְלֹא־יִישָׁן. הַמְעוֹרֵר יְשֵׁנִים וְהַמֵּקִיץ נִרְדָּמִים. וְהַמֵּשִׂיחַ אִלְּמִים. וְהַמַּתִּיר אֲסוּרִים. וְהַסּוֹמֵךְ נוֹפְלִים וְהַזּוֹקֵף כְּפוּפִים. לְךָ לְבַדְּךָ אֲנַחְנוּ מוֹדִים. אִלּוּ פִינוּ מָלֵא שִׁירָה כַּיָּם וּלְשׁוֹנֵנוּ רִנָּה כַּהֲמוֹן גַּלָּיו וְשִׂפְתוֹתֵינוּ שֶׁבַח כְּמֶרְחֲבֵי רָקִיעַ. וְעֵינֵינוּ מְאִירוֹת כַּשֶּׁמֶשׁ וְכַיָּרֵחַ. וְיָדֵינוּ פְרוּשׂוֹת כְּנִשְׁרֵי שָׁמָיִם. וְרַגְלֵינוּ קַלּוֹת כָּאַיָּלוֹת. אֵין אֲנַחְנוּ מַסְפִּיקִים לְהוֹדוֹת לְךָ יְיָ אֱלֹהֵינוּ וֵאלֹהֵי אֲבוֹתֵינוּ. וּלְבָרֵךְ אֶת־שְׁמֶךָ. עַל־אַחַת מֵאָלֶף אֶלֶף אַלְפֵי אֲלָפִים וְרִבֵּי רְבָבוֹת פְּעָמִים הַטּוֹבוֹת שֶׁעָשִׂיתָ עִם־אֲבוֹתֵינוּ וְעִמָּנוּ: מִמִּצְרַיִם גְּאַלְתָּנוּ יְיָ אֱלֹהֵינוּ וּמִבֵּית עֲבָדִים פְּדִיתָנוּ. בְּרָעָב זַנְתָּנוּ. וּבְשָׂבָע כִּלְכַּלְתָּנוּ. מֵחֶרֶב הִצַּלְתָּנוּ. וּמִדֶּבֶר מִלַּטְתָּנוּ וּמֵחֳלָיִם רָעִים וְנֶאֱמָנִים דִּלִּיתָנוּ: עַד־הֵנָּה עֲזָרוּנוּ רַחֲמֶיךָ. וְלֹא־עֲזָבוּנוּ חֲסָדֶיךָ. וְאַל־תִּטְּשֵׁנוּ יְיָ אֱלֹהֵינוּ לָנֶצַח: עַל־כֵּן אֵבָרִים שֶׁפִּלַּגְתָּ בָּנוּ. וְרוּחַ וּנְשָׁמָה שֶׁנָּפַחְתָּ בְּאַפֵּנוּ וְלָשׁוֹן אֲשֶׁר שַׂמְתָּ בְּפִינוּ. הֵן הֵם יוֹדוּ וִיבָרְכוּ וִישַׁבְּחוּ וִיפָאֲרוּ וִירוֹמְמוּ וְיַעֲרִיצוּ וְיַקְדִּישׁוּ וְיַמְלִיכוּ אֶת־שִׁמְךָ מַלְכֵּנוּ: כִּי כָל־פֶּה לְךָ יוֹדֶה. וְכָל־לָשׁוֹן לְךָ תִשָּׁבַע וְכָל־בֶּרֶךְ לְךָ תִכְרַע. וְכָל־קוֹמָה לְפָנֶיךָ תִשְׁתַּחֲוֶה: וְכָל־לְבָבוֹת יִירָאוּךָ. וְכָל־קֶרֶב וּכְלָיוֹת יְזַמְּרוּ לִשְׁמֶךָ. כַּדָּבָר שֶׁכָּתוּב כָּל עַצְמוֹתַי תֹּאמַרְנָה יְיָ מִי־כָמוֹךָ. מַצִּיל עָנִי מֵחָזָק מִמֶּנּוּ וְעָנִי וְאֶבְיוֹן מִגּוֹזְלוֹ:

מִי יִדְמֶה־לָּךְ וּמִי יִשְׁוֶה־לָּךְ וּמִי יַעֲרָךְ־לָךְ הָאֵל הַגָּדוֹל הַגִּבּוֹר וְהַנּוֹרָא אֵל עֶלְיוֹן קֹנֵה שָׁמַיִם וָאָרֶץ: נְהַלֶּלְךָ וּנְשַׁבֵּחֲךָ וּנְפָאֶרְךָ וּנְבָרֵךְ אֶת־שֵׁם קָדְשֶׁךָ. כָּאָמוּר לְדָוִד בָּרְכִי נַפְשִׁי אֶת־יְיָ וְכָל־קְרָבַי אֶת־שֵׁם קָדְשׁוֹ:

The breath of all that lives shall praise Thy Name, O Lord, our God, and the spirit of all flesh shall glorify and exalt Thy remembrance, O our King. Continually, from everlasting to everlasting, Thou art God, and beside Thee we have no King who redeemeth and saveth, delivereth and protecteth, sustaineth and pitieth in all time of trouble and stress: we have no King but Thee. Thou art God of the first and of the last: God of all creatures, Lord of all generations, who is lauded with many praises, and who guideth His world with lovingkindness and His creatures with mercy. For the Lord neither slumbereth nor sleepeth: He awakeneth those that sleep and arouseth those that slumber, giveth speech to the dumb, looseneth the bound, supporteth the falling, and raiseth up the bowed. To Thee alone do we give thanks.

Even though our mouths were filled with song as the sea, and our tongues with joy as its multitude of waves, and our lips with praise as the expanse of the firmament: though our eyes were radiant as the sun and the moon and our hands were outspread as the wings of the eagles of heaven, and our feet were fleet as the hinds': we should yet be inadequate to thank Thee, O Lord, our God, and God of our Fathers, for one in a thousand of the many thousands of thousands and myriads of myriads of lovingkindnesses that Thou hast bestowed on our fathers and on us.

From Egypt didst Thou deliver us, O Lord, our God, and from the house of bondage didst Thou release us: in famine didst Thou feed us, and in plenty didst Thou sustain us: from the sword didst Thou deliver us, and from pestilence didst Thou protect us, and from sore and grievous sickness didst Thou withdraw us. Thus far Thy mercies have helped us, and Thy lovingkindnesses have not deserted us: O, forsake us not, O Lord, our God, for ever! Wherefore, the limbs which Thou hast formed in us, and the breath and spirit which Thou hast blown into our nostrils, and the tongue which Thou hast placed in our mouths — lo! they shall thank, bless, praise, glorify, extol, reverence, hallow, and ascribe sovereignty to Thy Name, O our King!

For to Thee every mouth shall give thanks, to Thee every tongue shall swear, to Thee every knee shall bend, and before Thee every stature shall bow down: Thee every heart shall fear, and unto Thy Name shall all men's inmost being sing praise; according to that which is written:

All my bones shall say: O Lord, who is like unto Thee? which delivereth the poor from him that is too strong for him, yea, the poor and the needy from him that spoileth him?' (*Ps.* xxxv, 10)

Who is like unto Thee? who is equal unto Thee? who can be compared unto Thee? Thou great, mighty, and tremendous God, most high God, possessor of heaven and earth! We will praise Thee, laud Thee, glorify Thee, and bless Thy holy Name: as David said: 'Bless the Lord, O my soul; and all that is within me, bless His holy Name' (*Ps.* CIII, 1).

And Moses turned, and went down from the mount, and the two tables of the testimony were in his hand. (*Ex.* 32/15)

וַיִּפֶן וַיֵּרֶד מֹשֶׁה מִן־הָהָר, וּשְׁנֵי לֻחֹת־הָעֵדֻת בְּיָדוֹ
(שמ' לב, טו)

Biblical images.

Illustrations, by Gustave Doré. (1832-1883)

בְּפִי יְשָׁרִים תִּתְהַלָּל.
וּבְדִבְרֵי צַדִּיקִים תִּתְבָּרַךְ.
וּבִלְשׁוֹן חֲסִידִים תִּתְרוֹמָם.
וּבְקֶרֶב קְדוֹשִׁים תִּתְקַדָּשׁ:

In the mouth of the upright shalt Thou be praised: with the words of the righteous shalt Thou be blessed: by the tongue of the pious shalt Thou be extolled: and in the inmost being of the holy shalt Thou be hallowed.

וּבְמַקְהֲלוֹת רִבְבוֹת עַמְּךָ בֵּית יִשְׂרָאֵל בְּרִנָּה יִתְפָּאַר שִׁמְךָ מַלְכֵּנוּ בְּכָל־דּוֹר וָדוֹר. שֶׁכֵּן חוֹבַת כָּל־הַיְצוּרִים לְפָנֶיךָ יְיָ אֱלֹהֵינוּ וֵאלֹהֵי אֲבוֹתֵינוּ לְהוֹדוֹת לְהַלֵּל לְשַׁבֵּחַ לְפָאֵר לְרוֹמֵם לְהַדֵּר לְבָרֵךְ לְעַלֵּה וּלְקַלֵּס עַל כָּל־דִּבְרֵי שִׁירוֹת וְתִשְׁבְּחוֹת דָּוִד בֶּן־יִשַׁי עַבְדְּךָ מְשִׁיחֶךָ:

And in the assemblies of the multitudes of Thy people, the house of Israel, shall Thy Name be glorified in song, O our King, in every generation. For such is the duty of all creatures — before Thee, O Lord, our God, and God of our fathers, to thank, praise, laud, glorify, extol, reverence, bless, exalt and adore, above all the words of the songs and praises of David the son of Jesse, Thine anointed servant.

יִשְׁתַּבַּח שִׁמְךָ לָעַד מַלְכֵּנוּ הָאֵל הַמֶּלֶךְ הַגָּדוֹל וְהַקָּדוֹשׁ בַּשָּׁמַיִם וּבָאָרֶץ. כִּי לְךָ נָאֶה יְיָ אֱלֹהֵינוּ וֵאלֹהֵי אֲבוֹתֵינוּ שִׁיר וּשְׁבָחָה הַלֵּל וְזִמְרָה עֹז וּמֶמְשָׁלָה נֶצַח גְּדֻלָּה וּגְבוּרָה תְּהִלָּה וְתִפְאֶרֶת קְדֻשָּׁה וּמַלְכוּת בְּרָכוֹת וְהוֹדָאוֹת מֵעַתָּה וְעַד־עוֹלָם: בָּרוּךְ אַתָּה יְיָ אֵל מֶלֶךְ גָּדוֹל בַּתִּשְׁבָּחוֹת אֵל הַהוֹדָאוֹת אֲדוֹן הַנִּפְלָאוֹת הַבּוֹחֵר בְּשִׁירֵי זִמְרָה מֶלֶךְ אֵל חֵי הָעוֹלָמִים:

Be Thy Name praised for ever, O our King: God and King, great and hallowed in Heaven and on earth. For unto Thee are becoming, O Lord, our God, and God of our fathers, song and praise, adoration and psalmody, strength and dominion: victory, greatness, and might: praise and glory; holiness and sovereignty; blessings and thanksgiving, from henceforth and for ever.

Blessed art Thou, O Lord, God and King, great in praises, God of thanksgivings, Lord of wonders, who delightest in songs of praise, King and God, Life of all worlds!

יְהַלְלוּךָ יְיָ אֱלֹהֵינוּ כָּל מַעֲשֶׂיךָ. וַחֲסִידֶיךָ צַדִּיקִים עוֹשֵׂי רְצוֹנֶךָ וְכָל עַמְּךָ בֵּית יִשְׂרָאֵל
בְּרִנָּה יוֹדוּ וִיבָרְכוּ וִישַׁבְּחוּ וִיפָאֲרוּ וִירוֹמְמוּ וְיַעֲרִיצוּ וְיַקְדִּישׁוּ וְיַמְלִיכוּ אֶת שִׁמְךָ מַלְכֵּנוּ
כִּי לְךָ טוֹב לְהוֹדוֹת וּלְשִׁמְךָ נָאֶה לְזַמֵּר
כִּי מֵעוֹלָם וְעַד עוֹלָם אַתָּה אֵל:

הוֹדוּ לַייָ כִּי טוֹב כִּי לְעוֹלָם חַסְדּוֹ:
הוֹדוּ לֵאלֹהֵי הָאֱלֹהִים כִּי לְעוֹלָם חַסְדּוֹ:
הוֹדוּ לַאֲדֹנֵי הָאֲדֹנִים כִּי לְעוֹלָם חַסְדּוֹ:
לְעֹשֵׂה נִפְלָאוֹת גְּדֹלוֹת לְבַדּוֹ כִּי לְעוֹלָם חַסְדּוֹ:
לְעֹשֵׂה הַשָּׁמַיִם בִּתְבוּנָה כִּי לְעוֹלָם חַסְדּוֹ:
לְרוֹקַע הָאָרֶץ עַל הַמָּיִם כִּי לְעוֹלָם חַסְדּוֹ:
לְעֹשֵׂה אוֹרִים גְּדֹלִים כִּי לְעוֹלָם חַסְדּוֹ:
אֶת־הַשֶּׁמֶשׁ לְמֶמְשֶׁלֶת בַּיּוֹם כִּי לְעוֹלָם חַסְדּוֹ:
אֶת־הַיָּרֵחַ וְכוֹכָבִים לְמֶמְשְׁלוֹת בַּלָּיְלָה כִּי לְעוֹלָם חַסְדּוֹ:
לְמַכֵּה מִצְרַיִם בִּבְכוֹרֵיהֶם כִּי לְעוֹלָם חַסְדּוֹ:
וַיּוֹצֵא יִשְׂרָאֵל מִתּוֹכָם כִּי לְעוֹלָם חַסְדּוֹ:
בְּיָד חֲזָקָה וּבִזְרוֹעַ נְטוּיָה כִּי לְעוֹלָם חַסְדּוֹ:
לְגֹזֵר יַם־סוּף לִגְזָרִים כִּי לְעוֹלָם חַסְדּוֹ:
וְהֶעֱבִיר יִשְׂרָאֵל בְּתוֹכוֹ כִּי לְעוֹלָם חַסְדּוֹ:
וְנִעֵר פַּרְעֹה וְחֵילוֹ בְיַם־סוּף כִּי לְעוֹלָם חַסְדּוֹ:
לְמוֹלִיךְ עַמּוֹ בַּמִּדְבָּר כִּי לְעוֹלָם חַסְדּוֹ:
לְמַכֵּה מְלָכִים גְּדֹלִים כִּי לְעוֹלָם חַסְדּוֹ:
וַיַּהֲרֹג מְלָכִים אַדִּירִים כִּי לְעוֹלָם חַסְדּוֹ:
לְסִיחוֹן מֶלֶךְ הָאֱמֹרִי כִּי לְעוֹלָם חַסְדּוֹ:
וּלְעוֹג מֶלֶךְ הַבָּשָׁן כִּי לְעוֹלָם חַסְדּוֹ:
וְנָתַן אַרְצָם לְנַחֲלָה כִּי לְעוֹלָם חַסְדּוֹ:
נַחֲלָה לְיִשְׂרָאֵל עַבְדּוֹ כִּי לְעוֹלָם חַסְדּוֹ:
שֶׁבְּשִׁפְלֵנוּ זָכַר לָנוּ כִּי לְעוֹלָם חַסְדּוֹ:
וַיִּפְרְקֵנוּ מִצָּרֵינוּ כִּי לְעוֹלָם חַסְדּוֹ:
נוֹתֵן לֶחֶם לְכָל בָּשָׂר כִּי לְעוֹלָם חַסְדּוֹ:
הוֹדוּ לְאֵל הַשָּׁמָיִם כִּי לְעוֹלָם חַסְדּוֹ:

All Thy works shall praise Thee, O Lord, our God: and Thy pious ones, the just who do Thy will, and all the house of Israel shall thank and bless and praise and glorify and exalt and reverence and sanctify and ascribe sovereignty to Thy Name, O our King, in song. For it is good to give thanks unto Thee, and becoming to sing praises to Thy Name: for from everlasting unto everlasting Thou art God.

Ps. CXXXVI. O give thanks unto the Lord: for He is good:
for His lovingkindness endureth for ever.
O give thanks unto the God of gods:
for His lovingkindness endureth for ever.
O give thanks unto the Lord of lords:
for His lovingkindness endureth for ever.
To Him who alone doeth great marvels:
for His lovingkindness endureth for ever.
To Him that by understanding made the heavens:
for His lovingkindness endureth for ever.
To Him that spread forth the earth above the waters:
for His lovingkindness endureth for ever.
To Him that made great lights:
for His lovingkindness endureth for ever.
The sun to rule by day:
for His lovingkindness endureth for ever.
The moon and the stars to rule by night:
for His lovingkindness endureth for ever.
To Him that smote the Egyptians in their first-born:
for His lovingkindness endureth for ever.
And brought out Israel from among them:
for His lovingkindness endureth for ever.
With a strong hand and a stretched — out arm:
for His lovingkindness endureth for ever.
To Him who parted the Red Sea in sunder:
for His lovingkindness endureth for ever.
And made Israel to pass through the midst of it:
for His lovingkindness endureth for ever.
But overthrew Pharaoh and his host in the Red Sea:
for His lovingkindness endureth for ever.
To Him who led His people through the wilderness:
for His lovingkindness endureth for ever.
To Him who smote great kings:
for His lovingkindness endureth for ever.
And slew mighty kings:
for His lovingkindness endureth for ever.
Sihon king of the Amorites:
for His lovingkindness endureth for ever.
And Og king of Bashan:
for His lovingkindness endureth for ever.
And gave their land for an heritage:
for His lovingkindness endureth for ever.
Even an heritage unto Israel His servant:
for His lovingkindness endureth for ever.
Who remembered us in our low estate:
for His lovingkindness endureth for ever.
And hath released us from our adversaries:
for His lovingkindness endureth for ever.
He giveth food to all flesh:
for His lovingkindness endureth for ever.
O give thanks unto the God of heaven:
for His lovingkindness endureth for ever.

ENVOI

חֲסַל סִדּוּר פֶּסַח כְּהִלְכָתוֹ. כְּכָל מִשְׁפָּטוֹ וְחֻקָּתוֹ:
כַּאֲשֶׁר זָכִינוּ לְסַדֵּר אוֹתוֹ. כֵּן נִזְכֶּה לַעֲשׂוֹתוֹ:
זָךְ שׁוֹכֵן מְעוֹנָה. קוֹמֵם קְהַל מִי מָנָה:
קָרֵב נַהֵל נִטְעֵי כַנָּה פְּדוּיִם לְצִיּוֹן בְּרִנָּה:

Accomplished is the order of the Passover according to its precept, to all its law and its custom.
Even as we have had the merit to order it, so may we have the merit to fulfil it.

Thou Pure One, who dwellest on high! Redress the congregation that is without number!
Speedily lead Thou the offshoots of the stock Thou hast planted, redeemed, to Zion in song.

לַשָּׁנָה הַבָּאָה בִּירוּשָׁלַיִם הַבְּנוּיָה:

NEXT YEAR IN REBUILT JERUSALEM

וּבְכֵן וַיְהִי בַּחֲצִי הַלַּיְלָה:

AND IT HAPPENED AT THE MIDDLE OF THE NIGHT
(*Ex.* xii, 29)

אָז רֹב נִסִּים הִפְלֵאתָ בַּלַּיְלָה:
בְּרֹאשׁ אַשְׁמוּרוֹת זֶה הַלַּיְלָה:
גֵּר צֶדֶק נִצַּחְתּוֹ כְּנֶחֱלַק לוֹ לַיְלָה:
וַיְהִי בַּחֲצִי הַלַּיְלָה:

Of old, Thou didst perform most miracles at night, At the beginning of the watches of this night. The righteous proselyte prevailed when he broke up his host at night. (*Gen.* xiv, 15)
And it happened at the middle of the night.

דַּנְתָּ מֶלֶךְ גְּרָר בַּחֲלוֹם הַלַּיְלָה:
הִפְחַדְתָּ אֲרַמִּי בְּאֶמֶשׁ לַיְלָה:
וַיָּשַׂר יִשְׂרָאֵל לַמַּלְאָךְ וַיּוּכַל לוֹ לַיְלָה:
וַיְהִי בַּחֲצִי הַלַּיְלָה:

Thou didst judge the king of Gerar in a dream of night (*Gen.* xx, 3), The Syrian was struck with terror 'yesternight' (*Gen.* xxxi, 24), And Israel strove with God, and yet prevailed at night. (*Gen.* xxxii, 23-7)
And it happened at the middle of the night.

זֶרַע בְּכוֹרֵי פַתְרוֹס מָחַצְתָּ בַּחֲצִי הַלַּיְלָה:
חֵילָם לֹא מָצְאוּ בְּקוּמָם בַּלַּיְלָה:
טִיסַת נְגִיד חֲרֹשֶׁת סִלִּיתָ בְּכוֹכְבֵי לַיְלָה:
וַיְהִי בַּחֲצִי הַלַּיְלָה:

The first-born seed of Pathros didst Thou crush in dead of night (*Ex.* xii, 29). Their substance they found not when they rose at night. The battalions of Harosheth's captain didst sweep away through the stars of night. (*Jud.* v, 20)
And it happened at the middle of the night.

יָעַץ מְחָרֵף לְנוֹפֵף אִוּוּי. הוֹבַשְׁתָּ פְגָרָיו בַּלַּיְלָה:
כָּרַע בֵּל וּמַצָּבוֹ בְּאִישׁוֹן לַיְלָה:
לְאִישׁ חֲמוּדוֹת נִגְלָה רָז חֲזוֹת לַיְלָה:
וַיְהִי בַּחֲצִי הַלַּיְלָה:

The impious thought to scatter My chosen. Thou didst shame his dead by night (*II Kings* xix, 35). Bel and his pillar were prostrate at night (*Dan.* ii, 34). The man of delight was told the key of mysteries of night. (*Dan.* ii, 19)
And it happened at the middle of the night.

אַדִּיר הוּא.	Strong is He!
יִבְנֶה בֵיתוֹ בְּקָרוֹב.	May He build His temple speedily!
בִּמְהֵרָה. בִּמְהֵרָה. בְּיָמֵינוּ בְּקָרוֹב.	Rapidly, rapidly, In our days speedily!
אֵל בְּנֵה. אֵל בְּנֵה. בְּנֵה בֵיתְךָ בְּקָרוֹב:	God, O, build, God, O, build, Build Thy temple speedily!

בָּחוּר הוּא	לָמוּד הוּא	Choice is He,	Wise is He,
גָּדוֹל הוּא	מֶלֶךְ הוּא	Great is He,	King is He!
דָּגוּל הוּא	נָאוֹר הוּא	Foremost He!	Tremendous He,
הָדוּר הוּא	סַגִּיב הוּא	Glorious He,	Exalted He,
וָתִיק הוּא	עִזּוּז הוּא	Trusty He,	Powerful He!
זַכַּאי הוּא	פּוֹדֶה הוּא	Guileless He!	Redeeming He,
חָסִיד הוּא	צַדִּיק הוּא	Righteous He,	Good is He,
טָהוֹר הוּא	קָדוֹשׁ הוּא	Pure is He,	Holy He!
יָחִיד הוּא	רַחוּם הוּא	One is He!	Merciful He,
כַּבִּיר הוּא	שַׁדַּי הוּא	Mighty He,	Almighty He,

תַּקִּיף הוּא	Lord is He!
יִבְנֶה בֵיתוֹ בְּקָרוֹב.	May He build His temple speedily!
בִּמְהֵרָה. בִּמְהֵרָה. בְּיָמֵינוּ בְּקָרוֹב.	Rapidly, Rapidly, In our days speedily!
אֵל בְּנֵה. אֵל בְּנֵה. בְּנֵה בֵיתְךָ בְּקָרוֹב:	God, O, build, God, O, build, Build Thy temple speedily.

בחוץ־לארץ, בליל שני, נוהגים להתחיל בספירת העומר לפני אמירת "אחד מי יודע".

Outside the Land of Israel on the Second Seder Night it is the practice to begin counting the Omer before reciting "Who knows One?"

בָּרוּךְ אַתָּה יְיָ אֱלֹהֵינוּ מֶלֶךְ הָעוֹלָם אֲשֶׁר קִדְּשָׁנוּ בְּמִצְוֹתָיו
וְצִוָּנוּ עַל סְפִירַת הָעֹמֶר:

Blessed art Thou O Lord our God King of the Universe who hath hallowed us with His Commandments and enjoined us to count the Omer:

הַיּוֹם יוֹם אֶחָד לָעֹמֶר:

THIS DAY IS THE FIRST DAY OF THE OMER

יְהִי רָצוֹן מִלְּפָנֶיךָ יְיָ אֱלֹהֵינוּ וֵאלֹהֵי אֲבוֹתֵינוּ שֶׁיִּבָּנֶה בֵּית הַמִּקְדָּשׁ בִּמְהֵרָה
בְּיָמֵינוּ וְתֵן חֶלְקֵנוּ בְּתוֹרָתֶךָ:

May it be Thy will O Lord our God and God of our Fathers that the Temple be built speedily in our days; and give our portion in Thy Torah.

Who knows one? One I know!
One is our God in Heaven and on Earth

אֶחָד מִי יוֹדֵעַ.
אֶחָד אֲנִי יוֹדֵעַ. אֶחָד אֱלֹהֵינוּ שֶׁבַּשָּׁמַיִם וּבָאָרֶץ:

Who knows Two? Two I know!
Two are the Tables of Covenant:
One is our God in Heaven and on Earth.

שְׁנַיִם מִי יוֹדֵעַ.
שְׁנַיִם אֲנִי יוֹדֵעַ. שְׁנֵי לֻחוֹת הַבְּרִית.
אֶחָד אֱלֹהֵינוּ שֶׁבַּשָּׁמַיִם וּבָאָרֶץ:

Who knows Three? Three I know!
Three are the Fathers:
Two are the Tables of Covenant:
One is our God in Heaven and on Earth.

שְׁלֹשָׁה מִי יוֹדֵעַ.
שְׁלֹשָׁה אֲנִי יוֹדֵעַ. שְׁלֹשָׁה אָבוֹת. שְׁנֵי לֻחוֹת הַבְּרִית.
אֶחָד אֱלֹהֵינוּ שֶׁבַּשָּׁמַיִם וּבָאָרֶץ:

Who knows Four? Four I know!
Four are the Mothers:
Three are the Fathers:
Two are the Tables of Covenant:
One is our God in Heaven and on Earth.

אַרְבַּע מִי יוֹדֵעַ.
אַרְבַּע אֲנִי יוֹדֵעַ. אַרְבַּע אִמָּהוֹת. שְׁלֹשָׁה אָבוֹת. שְׁנֵי לֻחוֹת הַבְּרִית.
אֶחָד אֱלֹהֵינוּ שֶׁבַּשָּׁמַיִם וּבָאָרֶץ:

Who knows Five? Five I know!
Five are the Books of the Torah:
Four are the Mothers:
Three are the Fathers:
Two are the Tables of Covenant:
One is our God in Heaven and on Earth.

חֲמִשָּׁה מִי יוֹדֵעַ.
חֲמִשָּׁה אֲנִי יוֹדֵעַ. חֲמִשָּׁה חֻמְשֵׁי תוֹרָה. אַרְבַּע אִמָּהוֹת. שְׁלֹשָׁה אָבוֹת.
שְׁנֵי לֻחוֹת הַבְּרִית.
אֶחָד אֱלֹהֵינוּ שֶׁבַּשָּׁמַיִם וּבָאָרֶץ:

Who knows Six? Six I know!
Six are the Orders of the Mishnah:
Five are the Books of the Torah:
Four are the Mothers:
Three are the Fathers:
Two the Tables of Covenant:
One is our God in Heaven and on Earth.

שִׁשָּׁה מִי יוֹדֵעַ.
שִׁשָּׁה אֲנִי יוֹדֵעַ. שִׁשָּׁה סִדְרֵי מִשְׁנָה. חֲמִשָּׁה חֻמְשֵׁי תוֹרָה. אַרְבַּע אִמָּהוֹת.
שְׁלֹשָׁה אָבוֹת. שְׁנֵי לֻחוֹת הַבְּרִית.
אֶחָד אֱלֹהֵינוּ שֶׁבַּשָּׁמַיִם וּבָאָרֶץ:

Who knows Seven? Seven I know!
Seven are the days of the Week:
Six are the Orders of the Mishnah:
Five the Books of the Torah:
Four are the Mothers:
Three are the Fathers:
Two the Tables of Covenant:
One is our God in Heaven and on Earth.

שִׁבְעָה מִי יוֹדֵעַ.
שִׁבְעָה אֲנִי יוֹדֵעַ. שִׁבְעָה יְמֵי שַׁבַּתָּא. שִׁשָּׁה סִדְרֵי מִשְׁנָה. חֲמִשָּׁה חֻמְשֵׁי
תוֹרָה. אַרְבַּע אִמָּהוֹת. שְׁלֹשָׁה אָבוֹת. שְׁנֵי לֻחוֹת הַבְּרִית.
אֶחָד אֱלֹהֵינוּ שֶׁבַּשָּׁמַיִם וּבָאָרֶץ:

Who knows Eight? Eight I know!
Eight are the days of the Covenant:
Seven are the days of the Week:
Six are the Orders of the Mishnah:
Five the Books of the Torah:
Four are the Mothers:
Three are the Fathers:
Two the Tables of Covenant:
One is our God in Heaven and on Earth.

שְׁמוֹנָה מִי יוֹדֵעַ.
שְׁמוֹנָה אֲנִי יוֹדֵעַ. שְׁמוֹ ה יְמֵי מִילָה. שִׁבְעָה יְמֵי שַׁבַּתָּא. שִׁשָּׁה סִדְרֵי מִשְׁנָה.
חֲמִשָּׁה חֻמְשֵׁי תוֹרָה. אַרְבַּע אִמָּהוֹת. שְׁלֹשָׁה אָבוֹת. שְׁנֵי לֻחוֹת הַבְּרִית.
אֶחָד אֱלֹהֵינוּ שֶׁבַּשָּׁמַיִם וּבָאָרֶץ:

Who knows Nine? Nine I know!
Nine are the months of Carrying:
Eight are the days of the Covenant:
Seven are the days of the Week:
Six are the Orders of the Mishnah:
Five the Books of the Torah:
Four are the Mothers:
Three are the Fathers:
Two the Tables of Covenant:
One is our God in Heaven and on Earth.

תִּשְׁעָה מִי יוֹדֵעַ.
תִּשְׁעָה אֲנִי יוֹדֵעַ. תִּשְׁעָה יַרְחֵי לֵדָה. שְׁמוֹנָה יְמֵי מִילָה. שִׁבְעָה יְמֵי שַׁבַּתָּא.
שִׁשָּׁה סִדְרֵי מִשְׁנָה. חֲמִשָּׁה חֻמְשֵׁי תוֹרָה. אַרְבַּע אִמָּהוֹת. שְׁלשָׁה אָבוֹת.
שְׁנֵי לֻחוֹת הַבְּרִית.
אֶחָד אֱלֹהֵינוּ שֶׁבַּשָּׁמַיִם וּבָאָרֶץ:

Who knows Ten? Ten I know!
Ten are the Commandments:
Nine are the months of Carrying:
Eight are the days of the Covenant:
Seven, the days of the Week:
Six are the Orders of the Mishnah:
Five the Books of the Torah:
Four are the Mothers:
Three are the Fathers:
Two the Tables of Covenant:
One is our God in Heaven and on Earth.

עֲשָׂרָה מִי יוֹדֵעַ.
עֲשָׂרָה אֲנִי יוֹדֵעַ. עֲשָׂרָה דִבְּרַיָּא. תִּשְׁעָה יַרְחֵי לֵדָה. שְׁמוֹנָה יְמֵי מִילָה.
שִׁבְעָה יְמֵי שַׁבַּתָּא. שִׁשָּׁה סִדְרֵי מִשְׁנָה. חֲמִשָּׁה חֻמְשֵׁי תוֹרָה.
אַרְבַּע אִמָּהוֹת. שְׁלשָׁה אָבוֹת. שְׁנֵי לֻחוֹת הַבְּרִית.
אֶחָד אֱלֹהֵינוּ שֶׁבַּשָּׁמַיִם וּבָאָרֶץ:

Who knows Eleven? Eleven I know!
Eleven are the Stars:
Ten are the Commandments:
Nine are the months of Carrying:
Eight are the days of the Covenant:
Seven, the days of the Week:
Six are the Orders of the Mishnah:
Five the Books of the Torah:
Four are the Mothers:
Three are the Fathers:
Two the Tables of Covenant:
One is our God in Heaven and on Earth.

אַחַד עָשָׂר מִי יוֹדֵעַ.
אַחַד עָשָׂר אֲנִי יוֹדֵעַ. אַחַד עָשָׂר כּוֹכְבַיָּא. עֲשָׂרָה דִבְּרַיָּא. תִּשְׁעָה יַרְחֵי
לֵדָה. שְׁמוֹנָה יְמֵי מִילָה. שִׁבְעָה יְמֵי שַׁבַּתָּא. שִׁשָּׁה סִדְרֵי מִשְׁנָה. חֲמִשָּׁה
חֻמְשֵׁי תוֹרָה. אַרְבַּע אִמָּהוֹת. שְׁלשָׁה אָבוֹת. שְׁנֵי לֻחוֹת הַבְּרִית.
אֶחָד אֱלֹהֵינוּ שֶׁבַּשָּׁמַיִם וּבָאָרֶץ:

Who knows Twelve? Twelve I know!
Twelve are the Tribes:
Eleven are the Stars:
Ten are the Commandments:
Nine are the months of Carrying:
Eight are the days of the Covenant:
Seven are the days of the Week:
Six are the Orders of the Mishnah:
Five the Books of the Torah:
Four are the Mothers:
Three are the Fathers:
Two the Tables of Covenant:
One is our God in Heaven and on Earth.

שְׁנֵים עָשָׂר מִי יוֹדֵעַ.
שְׁנֵים עָשָׂר אֲנִי יוֹדֵעַ. שְׁנֵים עָשָׂר שִׁבְטַיָּא. אַחַד עָשָׂר כּוֹכְבַיָּא. עֲשָׂרָה
דִבְּרַיָּא. תִּשְׁעָה יַרְחֵי לֵדָה. שְׁמוֹנָה יְמֵי מִילָה. שִׁבְעָה יְמֵי שַׁבַּתָּא. שִׁשָּׁה
סִדְרֵי מִשְׁנָה. חֲמִשָּׁה חֻמְשֵׁי תוֹרָה. אַרְבַּע אִמָּהוֹת. שְׁלשָׁה אָבוֹת. שְׁנֵי לֻחוֹת
הַבְּרִית.
אֶחָד אֱלֹהֵינוּ שֶׁבַּשָּׁמַיִם וּבָאָרֶץ:

Who knows Thirteen? Thirteen I know!
Thirteen are the Attributes of God:
Twelve are the Tribes:
Eleven are the Stars:
Ten are the Commandments:
Nine are the months of Carrying:
Eight are the days of the Covenant:
Seven are the days of the Week:
Six are the Orders of the Mishnah:
Five the Books of the Torah:
Four are the Mothers:
Three are the Fathers:
Two the Tables of Covenant:
One is our God in Heaven and on Earth.

שְׁלשָׁה עָשָׂר מִי יוֹדֵעַ.
שְׁלשָׁה עָשָׂר אֲנִי יוֹדֵעַ. שְׁלשָׁה עָשָׂר מִדַּיָּא. שְׁנֵים־עָשָׂר שִׁבְטַיָּא. אַחַד עָשָׂר
כּוֹכְבַיָּא. עֲשָׂרָה דִבְּרַיָּא. תִּשְׁעָה יַרְחֵי לֵדָה. שְׁמוֹנָה יְמֵי מִילָה. שִׁבְעָה יְמֵי
שַׁבַּתָּא. שִׁשָּׁה סִדְרֵי מִשְׁנָה. חֲמִשָּׁה חֻמְשֵׁי תוֹרָה. אַרְבַּע אִמָּהוֹת. שְׁלשָׁה
אָבוֹת. שְׁנֵי לֻחוֹת הַבְּרִית.
אֶחָד אֱלֹהֵינוּ שֶׁבַּשָּׁמַיִם וּבָאָרֶץ:

HAD GADYA.

חַד גַּדְיָא חַד גַּדְיָא.
דְּזַבִּין אַבָּא בִּתְרֵי זוּזֵי. חַד גַּדְיָא חַד גַּדְיָא:

וַאֲתָא שֻׁנְרָא. וְאָכַל לְגַדְיָא.
דְּזַבִּין אַבָּא בִּתְרֵי זוּזֵי. חַד גַּדְיָא חַד גַּדְיָא:

וַאֲתָא כַלְבָּא. וְנָשַׁךְ לְשֻׁנְרָא. דְּאָכַל לְגַדְיָא.
דְּזַבִּין אַבָּא בִּתְרֵי זוּזֵי. חַד גַּדְיָא חַד גַּדְיָא:

וַאֲתָא חוּטְרָא. וְהִכָּה לְכַלְבָּא. דְּנָשַׁךְ לְשֻׁנְרָא. דְּאָכַל לְגַדְיָא.
דְּזַבִּין אַבָּא בִּתְרֵי זוּזֵי. חַד גַּדְיָא חַד גַּדְיָא:

וַאֲתָא נוּרָא. וְשָׂרַף לְחוּטְרָא. דְּהִכָּה לְכַלְבָּא. דְּנָשַׁךְ לְשֻׁנְרָא. דְּאָכַל לְגַדְיָא.
דְּזַבִּין אַבָּא בִּתְרֵי זוּזֵי. חַד גַּדְיָא חַד גַּדְיָא:

וַאֲתָא מַיָּא. וְכָבָה לְנוּרָא. דְּשָׂרַף לְחוּטְרָא. דְּהִכָּה לְכַלְבָּא. דְּנָשַׁךְ לְשֻׁנְרָא.
דְּאָכַל לְגַדְיָא.
דְּזַבִּין אַבָּא בִּתְרֵי זוּזֵי. חַד גַּדְיָא חַד גַּדְיָא:

וַאֲתָא תוֹרָא. וְשָׁתָא לְמַיָּא. דְּכָבָה לְנוּרָא. דְּשָׂרַף לְחוּטְרָא. דְּהִכָּה לְכַלְבָּא.
דְּנָשַׁךְ לְשֻׁנְרָא. דְּאָכַל לְגַדְיָא.
דְּזַבִּין אַבָּא בִּתְרֵי זוּזֵי. חַד גַּדְיָא חַד גַּדְיָא:

וַאֲתָא הַשּׁוֹחֵט. וְשָׁחַט לְתוֹרָא. דְּשָׁתָא לְמַיָּא. דְּכָבָה לְנוּרָא. דְּשָׂרַף לְחוּטְרָא.
דְּהִכָּה לְכַלְבָּא. דְּנָשַׁךְ לְשֻׁנְרָא. דְּאָכַל לְגַדְיָא.
דְּזַבִּין אַבָּא בִּתְרֵי זוּזֵי. חַד גַּדְיָא חַד גַּדְיָא:

וַאֲתָא מַלְאַךְ הַמָּוֶת. וְשָׁחַט לְשׁוֹחֵט. דְּשָׁחַט לְתוֹרָא. דְּשָׁתָא לְמַיָּא. דְּכָבָה
לְנוּרָא. דְּשָׂרַף לְחוּטְרָא. דְּהִכָּה לְכַלְבָּא. דְּנָשַׁךְ לְשֻׁנְרָא. דְּאָכַל לְגַדְיָא.
דְּזַבִּין אַבָּא בִּתְרֵי זוּזֵי. חַד גַּדְיָא חַד גַּדְיָא:

וַאֲתָא הַקָּדוֹשׁ בָּרוּךְ הוּא. וְשָׁחַט לְמַלְאַךְ הַמָּוֶת. דְּשָׁחַט לְשׁוֹחֵט. דְּשָׁחַט
לְתוֹרָא. דְּשָׁתָא לְמַיָּא. דְּכָבָה לְנוּרָא. דְּשָׂרַף לְחוּטְרָא. דְּהִכָּה לְכַלְבָּא.
דְּנָשַׁךְ לְשֻׁנְרָא. דְּאָכַל לְגַדְיָא.
דְּזַבִּין אַבָּא בִּתְרֵי זוּזֵי. חַד גַּדְיָא חַד גַּדְיָא:

נוהגים לסיים את ליל הסדר בקריאת
שיר השירים:

One only kid, One only kid,
That father bought for two zuzim, One only kid, One only kid.

Then came a cat and ate the kid
That father bought for two zuzim, One only kid, One only kid.

Then came a dog, and bit the cat, that ate the kid
That father bought for two zuzim, One only kid, One only kid.

Then came a stick, and beat the dog, that bit the cat
That ate the kid
That father bought for two zuzim, One only kid, One only kid.

Then came the fire, and burned the stick, that beat the dog
That bit the cat, that ate the kid
That father bought for two zuzim, One only kid, One only kid.

Then water came, and quenched the fire
That burned the stick, that beat the dog
That bit the cat, that ate the kid
That father bought for two zuzim, One only kid, One only kid.

Then came an ox, and drank the water
That quenched the fire, that burned the stick
That beat the dog, that bit the cat, that ate the kid
That father bought for two zuzim, One only kid, One only kid.

Then came the slaughterer
And slaughtered the ox, that drank the water
That quenched the fire, that burned the stick
That beat the dog, that bit the cat, that ate the kid
That father bought for two zuzim, One only kid, One only kid.

The came the Angel of Death
And slew the slaughterer, that slaughtered the ox
That drank the water, that quenched the fire
That burned the stick, that beat the dog
That bit the cat, that ate the kid
That father bought for two zuzim, One only kid, One only kid.

Then came the Holy One, Blessed be He,
And smote the Angel of Death, that slew the slaughterer
That slaughtered the ox, that drank the water
That quenched the fire, that burned the stick
That beat the dog, that bit the cat, that ate the kid
That father bought for two zuzim, One only kid, One only kid.

It is the custom to close the Seder Night
by reading the Song of Songs.

The name "Israel" first appears in an Egyptian inscription of 1220 B.C.E. This shows that the tribes of Israel had already settled in the Land of Israel by then.
The name "Israel", inscribed in hieroglyphics on a stele set up by Pharaoh Mernephtah.

ישראל ®

בשנת 1220 לפה"ס מופיע השם ישראל לראשונה בתעודה מצרית - עדות שבני ישראל כבר התנחלו בתקופה האמורה בארץ. השם ישראל נחרט בכתב הירוגליפים באסטלה של פרעה מרנפתח.

THE word I S R A E L , in Hebrew is spelled with the letters: YOD, SHIN, REISH, ALEPH, LAMMED®. Literally it means BEING STRAIGHT WITH GOD. This is the name which Ya'akov earned after his struggle with the angel.

His descendants are called the chidren of Israel.
Kabbalistically this name means :

The essence of the Creator, the Maker of all things, is inhabiting all the creatures, with the flame of the fire of life,

This essence -- unnamable, infinite force of life is both visible and invisible, and is beyond opposites of male and female.

This appellation of ALEPH and LAMMED, pronounced EL, is one of the names Man calls for God. It suggests honesty and illumination.

But in reality the Creator has no name and many names.

SAMUËL BEN-OR AVITAL.

YIGDAL - יגדל

יִגְדַּל אֱלֹהִים חַי וְיִשְׁתַּבַּח · נִמְצָא וְאֵין עֵת אֶל־מְצִיאוּתוֹ ׃
אֶחָד וְאֵין יָחִיד כְּיִחוּדוֹ · נֶעְלָם וְגַם אֵין סוֹף לְאַחְדוּתוֹ ׃
אֵין לוֹ דְּמוּת הַגּוּף וְאֵינוֹ גּוּף · לֹא נַעֲרוֹךְ אֵלָיו קְדֻשָּׁתוֹ ׃
קַדְמוֹן לְכָל־דָּבָר אֲשֶׁר נִבְרָא · רִאשׁוֹן וְאֵין רֵאשִׁית לְרֵאשִׁיתוֹ ׃
הִנּוֹ אֲדוֹן עוֹלָם · לְכָל־נוֹצָר יוֹרֶה גְדֻלָּתוֹ וּמַלְכוּתוֹ ׃
שֶׁפַע נְבוּאָתוֹ נְתָנוֹ אֶל־אַנְשֵׁי סְגֻלָּתוֹ וְתִפְאַרְתּוֹ ׃
לֹא קָם בְּיִשְׂרָאֵל כְּמשֶׁה עוֹד נָבִיא · וּמַבִּיט אֶת־תְּמוּנָתוֹ ׃
תּוֹרַת אֱמֶת נָתַן לְעַמּוֹ אֵל · עַל יַד נְבִיאוֹ נֶאֱמַן בֵּיתוֹ ׃
לֹא יַחֲלִיף הָאֵל וְלֹא יָמִיר דָּתוֹ לְעוֹלָמִים לְזוּלָתוֹ ׃
צוֹפֶה וְיוֹדֵעַ סְתָרֵינוּ · מַבִּיט לְסוֹף דָּבָר בְּקַדְמָתוֹ ׃
גּוֹמֵל לְאִישׁ חֶסֶד כְּמִפְעָלוֹ · נוֹתֵן לְרָשָׁע רָע כְּרִשְׁעָתוֹ ׃
יִשְׁלַח לְקֵץ יָמִין מְשִׁיחֵנוּ · לִפְדּוֹת מְחַכֵּי קֵץ יְשׁוּעָתוֹ ׃
מֵתִים יְחַיֶּה אֵל בְּרֹב חַסְדּוֹ · בָּרוּךְ עֲדֵי עַד שֵׁם תְּהִלָּתוֹ ׃

אדון עולם

אֲדוֹן עוֹלָם · אֲשֶׁר מָלַךְ בְּטֶרֶם כָּל־יְצִיר נִבְרָא ׃
לְעֵת נַעֲשָׂה בְחֶפְצוֹ כֹּל אֲזַי מֶלֶךְ שְׁמוֹ נִקְרָא ׃

YIGDAL. Its author is Daniel ben Judah, Dayan in Rome, circa 1300. Its theme is the Jewish Creed as formulated by Moses Maimonides (1135–1204). For its explanation, see pp. 248–255.

This hymn opens the Morning Service. We start our devotions as *faithful* Jews, believing in the existence of a Creator—one, spiritual and eternal; believing in Prophecy and the Torah of Moses; in the

YIGDAL.

YIGDAL: THE PRINCIPLES OF THE JEWISH FAITH

The living God we praise, exalt, adore!
He was, He is, He will be evermore!
No unity like unto His can be:
Eternal, inconceivable is He.
No form, or shape has the incorporeal One,
Most holy He, past all comparison.
He was, ere aught was made in heaven, or earth,
But His existence has no date, or birth.
Lord of the Universe is He proclaimed,
Teaching His power to all His hand has framed.
He gave His gift of prophecy to those
In whom He gloried, whom He loved and chose.
No prophet ever yet has filled the place
Of Moses, who beheld God face to face.
Through him (the faithful in His house) the Lord
The law of truth to Israel did accord.
This Law God will not alter, will not change
For any other through time's utmost range.
He knows and heeds the secret thoughts of man:
He saw the end of all ere aught began.
With love and grace doth He the righteous bless,
He metes out evil unto wickedness.
He at the last will His anointed send,
Those to redeem, who hope, and wait the end.
God will the dead to life again restore.
Praised be His glorious Name for evermore!

ADON OLAM.

ADON OLAM

Lord of the world, He reigned alone
While yet the universe was naught,
When by His will all things were wrought,
Then first His sov'ran name was known.

rule of justice in God's universe; in the Messiah, and in the immortality of the soul. The translation is by Mrs. Alice Lucas (1852–1935).

Adon Olom is the most popular hymn added to our Liturgy since Bible times. Because of its beauty of form, simplicity of language and sublimity of religious thought, it has been embodied in the various Rites all over the world. Its author is said by some to be Solomon ibn Gabirol (1021–1058), the renowned Spanish-Jewish poet and philosopher. The translation is by Israel Zangwill (1864–1926).

וְאַחֲרֵי כִּכְלוֹת הַכֹּל לְבַדּוֹ יִמְלוֹךְ נוֹרָא :
וְהוּא הָיָה · וְהוּא הֹוֶה · וְהוּא יִהְיֶה בְּתִפְאָרָה :
וְהוּא אֶחָד · וְאֵין שֵׁנִי לְהַמְשִׁיל לוֹ לְהַחְבִּירָה :
בְּלִי רֵאשִׁית בְּלִי תַכְלִית · וְלוֹ הָעֹז וְהַמִּשְׂרָה :
וְהוּא אֵלִי · וְחַי גּוֹאֲלִי · וְצוּר חֶבְלִי בְּעֵת צָרָה :
וְהוּא נִסִּי וּמָנוֹס לִי · מְנָת כּוֹסִי בְּיוֹם אֶקְרָא :
בְּיָדוֹ אַפְקִיד רוּחִי · בְּעֵת אִישַׁן וְאָעִירָה :
וְעִם־רוּחִי גְּוִיָּתִי · יְיָ לִי וְלֹא אִירָא :

בָּרוּךְ אַתָּה יְיָ אֱלֹהֵינוּ מֶלֶךְ הָעוֹלָם · אֲשֶׁר קִדְּשָׁנוּ בְּמִצְוֹתָיו וְצִוָּנוּ עַל נְטִילַת יָדָיִם :

Its appeal is universal. " Every fresh discovery confirms the fact that in all Nature's infinite variety there is one single Principle at work, One Power that is of no beginning and no end; that has existed before all things were formed, and will remain when all is gone; the Source and Origin of all, and yet in Itself beyond any conception or image that man can form " (Haffkine). Adon Olom is at the same time the supreme expression of absolute trust in God. The Creator of the universe, and its eternal Ruler, is also man's Guardian, Friend and Redeemer. In life and death, we confidently place our destiny in His hands.

He is the living God to save. The Hebrew phrase is based on Job 19. 25, " I know that my Redeemer liveth ".
my Rock. Like a mountain-stronghold, an impregnable Refuge.
banner. The figure is that of a rallying-point fixed on one of those mountain strongholds.
cup. Stands for all the wants of the worshipper; Psalm 23. 5.
within His palm. Based on Psalm 31. 6 (" Into Thy hand I commend my spirit; Thou hast redeemed me, O Lord God of truth ").
in fearless calm. Adon Olom is the closing hymn of the Prayers before Retiring to Rest at night, and is often sung by those who watch the last moments of one who is departing this life.

ADON OLAM

And when the All shall cease to be,
In dread lone splendour He shall reign,
He was, He is, He shall remain
In glorious eternity.

For He is one, no second shares
His nature or His loneliness;
Unending and beginningless,
All strength is His, all sway He bears.

He is the living God to save,
My Rock while sorrow's toils endure,
My banner and my stronghold sure,
The cup of life whene'er I crave.

I place my soul within His palm
Before I sleep as when I wake,
And though my body I forsake,
Rest in the Lord in fearless calm.

ON WASHING THE HANDS

Blessed art thou, O Lord our God, King of the universe, who hast hallowed us by thy commandments, and given us command concerning the washing of the hands.

Boruch Attoh. *Blessed art thou, O Lord our God, King of the universe.* Every prayer beginning with these six Hebrew words is called a *berochah* (ברכה), a Blessing, or Benediction. It represents the oldest unit of Synagogue prayer. A *berochah* gives expression to thanksgiving for personal benefits or enjoyments, and to grateful recognition of God's goodness and providence as shown in Israel's Faith and the phenomena of life and nature.

Anyone in whose presence a Blessing is being formally recited responds with "Blessed be He, and blessed be His Name", ברוך הוא וברוך שמו, as he hears the Name of God—the third word in every Hebrew Blessing—pronounced. At the end of the Benediction, he says אמן "Amen."

blessed. Or, "praised"; i.e. revered, worthy of being extolled and glorified. This meaning of *blessed* is based on the root-meaning of *boruch* which is, "to fall on the knees" in adoration. Several of the classical commentators on the Liturgy point out that the word *blessed*, when applied to God, is an adjective similar in grammatical form to חנון ורחום "merciful and gracious", which denote that mercy and grace are permanent and inherent elements in His nature; i.e. He constantly bestows mercy and grace. "In the same way *blessed* signifies that He is the Source and Fountain of blessings" (Albo). Consequently, before partaking of any enjoyment, we declare that God is ברוך, "blessing-granting" in that, e.g., He bringeth forth bread from the soil.

le centre du silence
mandala

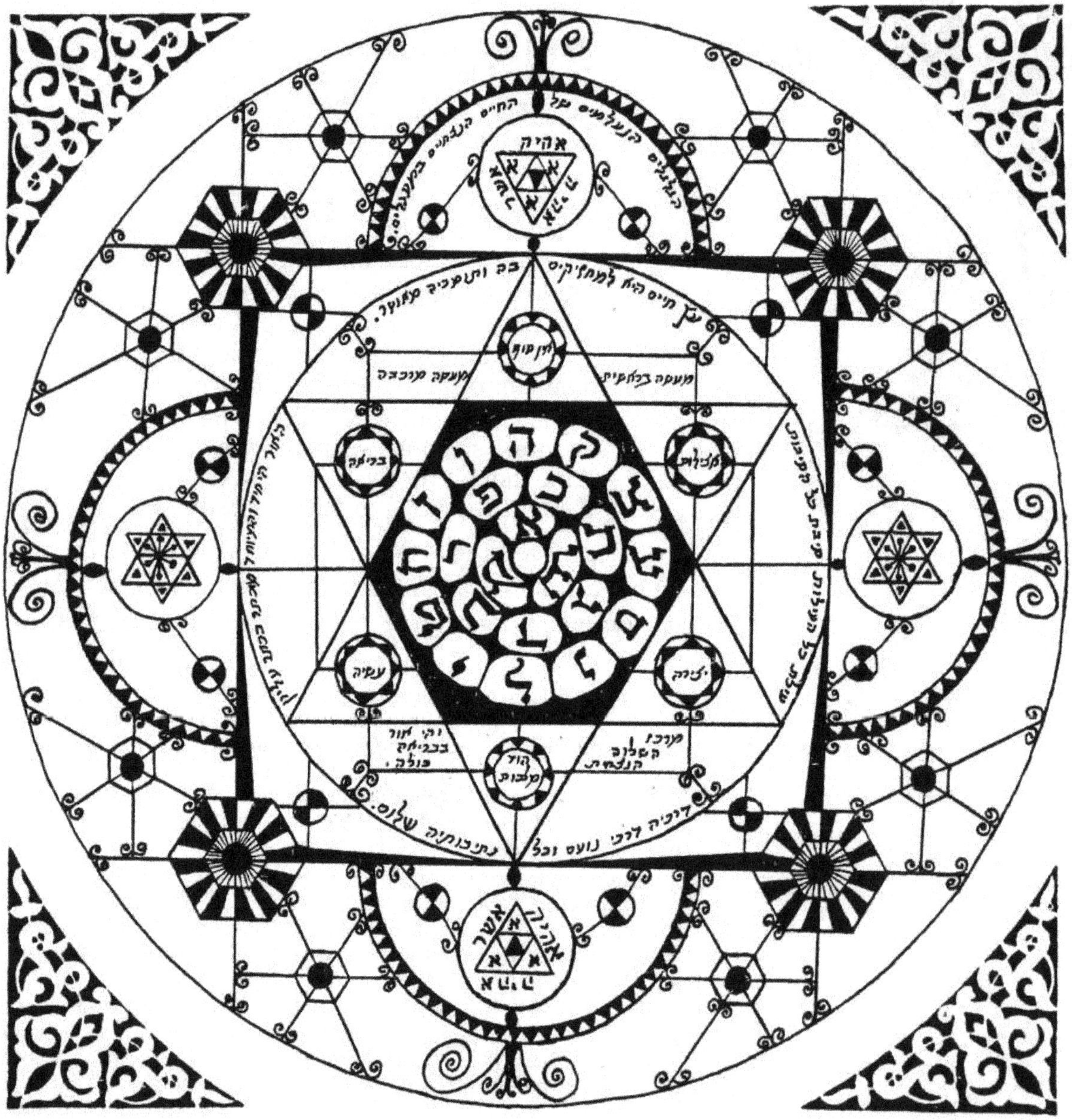

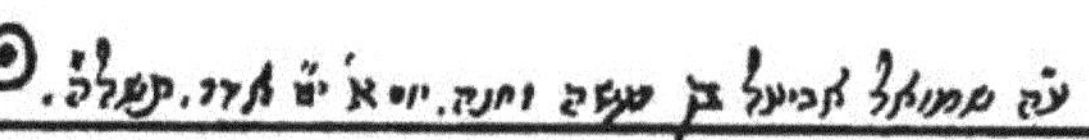

LE CENTRE DU SILENCE MANDALA.

This Mandala was created through an inspiration from the TREE OF LIFE, integrated with the MA'ASE BERESHIT, and the idea of the MERKAVA, the Chariot.

Star of DAVID (beloved of God),
Symbol of total perfection, thou art,
Balanced between Male and Female aspects of Creator,
Propelled from your center by the 22 holy letter/elements
  of Cosmic forces.
Into an orbit of Merkabic energy you sail, wheels
  activated and turning,
Surging onward to the Great Palaces of the THRONE.

As Above, so Below;
Upper wheel and lower wheel depicting
  the GREAT NAME OF "EHIEH ASHER EHIEH" --
  I AM THAT I AM,
PERPETUAL BEING, ETERNAL, IMMORTAL in all spheres
  of life/death continuum;
Triangle into triangle ad infinitum.

The central letters (22) sit on petals of our
  HOLY ROSE -- symbol of TRUE ISRAEL (YASHAR with EL),
  straight with EL, name of all names.

Four wheels hold the Circle;
These are the four worlds of the Kabbalistic system --
  Atziluth, Beriah, Yetzirah, Assiah.
They stand as Guardians of the influx
  of LIGHT from EIN SOF (Infinite)
Filtering through all levels of life
  in all matter.

The Kabbalistic adage says,
  "ALEPH IS IN ALL LETTERS, AND YOD IS IN ALL OF THEM."
Thus the idea of wheel into wheel into wheel.

All this activity, dynamic in its own ALEPH energy, supports and nourishes the letters in their paths to manifest visibly into one's Neshama (Soul). Thus, when one utters a WORD, formed and created from this activity, one enters the Holy GROUND, upon which the TREE is rooted, and basks in the LIGHT of the FIRST ORIGINAL SPARK.

Please see this from the multidimensional perception of yourself, and allow the seemingly non-existent movement to move you. Thus, with intention and persistence, one can see the inner movement of this mandala which is called the CENTER OF SILENCE (MERKAZ HA-DEMAMA).

Samuel Ben-Or Avital

EMET MANDALA.

E M E T MANDALA. אמת

EMET in Hebrew is meant to reflect, in the language of man, TRUTH. It is formed with three stones (letters) to build the concept of beginning, middle and end in regard to the measuring time of man on the physical plane.

אמ ALEPH and MEM form the concept of Motherhood, source of all living. MEM מת and TAV form the concept of "death", the transition from room to room according to the Zohar.

Thus we can say that Birth, Life and Death are connected on all levels. It also depicts the concept of TAV and MEM, which means Purity, Simplicity and Completion. It has the stamp of perfection and what we call the "Holy Innocence."

TAV and AELPH means, from our roots, to be the "cell," the original cell of creation as the truth of being and becoming. תא

All the web of the universe is connected by the design of the triangle, which is the symbol of perfection and simplicity. The computation of the holy name is woven into each of the six small triangles of the big one.

Wheels into wheels, lines and circles coming into the harmony of the truth in each cell that makes the whole.

The letters, visible but invisible in the same breath, aid us to try to comprehend this concept, and live it in our own cellular organism in the "Holy Innocence" and completion of the work we came to this world to accomplish.

The Center is the "Great Name," surrounded by all the letters in the embrace of the one in all and the all in one, and it expands in all directions to reach all who need to drink from the "Holy Fountain."

The circular movement of the design suggests that this oneness is here, and all we need to do is to open our hearts to the OBVIOUSNESS of TRUTH in every level of our lives.

As Ben Bag Bag would say, "Turn <u>it</u> and turn <u>it</u> for all is in <u>it</u>, and look in <u>it</u> and grow old in <u>it</u>, and turn not away from <u>it</u>, for there is no better rule for you than <u>it</u>." (Pirke Avoth) .את.

Samuel Ben-Or Avital

כתר-חכמה-בינה-חסד-גבו'-ת"ת-נצח-הוד-יסוד-מלכות

גל עיני ואביטה נפלאות מתורתך. תהלים קיט. (ג) יח.
"OPEN THOU MY EYES, THAT I MAY BEHOLD WONDROUS THINGS OUT OF THY LAW..
PSALMS - 119 - GIMEL - 18.

מתוך ספר פרדס רמונים. להרמ"ק.

שער ד'. הוא שער עמידתן. פרק ה'. דף כ"ט. עמוד ב'.

אל תאמר אינו כי ישנו וכאשר תמנה מימינך לשמאלך תמצא עשרה ותראה כי הכתר בית לכלן ומקור כלן

נמצא שהקודם לאצילות גדול מקיף הכל והמאוחר לאצילות קטן ומוקף מהכל וכלול מכלן וזהו כגלדי הבצלים וכמו שהארץ השפלה הזאת היא קטנה והיא באמצע כל הנבראים....

Perspective diagram of the world of the ten *Sefirot*, composed of the initial letters of the names of each *Sefirah*, starting with the first *Sefirah* and going to the last. From Moses Cordovero, *Pardes Rimmonim*, Cracow, 1592.

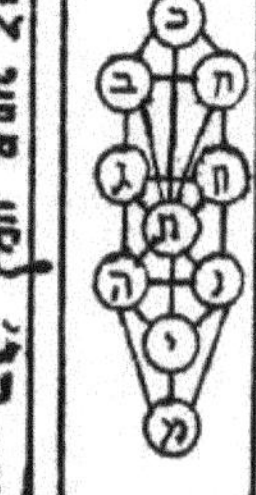

ב"ה

"וזהי צורת עמידתן של עשר ספירות, בלי מהות ושינוי יתברך ויתעלה שמו. וזה שאמר הכתוב "תולה ארץ על בלימה". ואל תאמר אינו, כי ישנו, וכאשר תמנה מימינך לשמאלך, תמצא עשרה ותראה כי הכתר בית לכלן ומקור כלן, נמצא שהקודם לאצילות גדול מקיף הכל והמאוחר לאצילות קטן ומוקף מהכל וכלול מכלן, וזהו כגלדי הבצלים, וכמו שהארץ השפלה הזאת היא קטנה והיא באמצע כל הנבראים..........ב"ה

ג' עמודים אבי"ע

דרשו ה' בהמצאו, קראוהו בהיותו קרוב ....
ישעיהו נ"ה ו'
Isa. 55.6...

שיר השירים א ב

א א שיר השירים אשר לשלמה: ישקני מנשיקות פיהו כי־טובים דדיך מיין:
לריח שמניך טובים שמן תורק שמך על־כן עלמות אהבוך: משכני
אחריך נרוצה הביאני המלך חדריו נגילה ונשמחה בך נזכירה דדיך מיין
מישרים אהבוך: שחורה אני ונאוה בנות ירושלם כאהלי קדר כיריעות שלמה:
אל־תראוני שאני שחרחרת ששזפתני השמש בני אמי נחרו־בי שמני נטרה את־
הכרמים כרמי שלי לא נטרתי: הגידה לי שאהבה נפשי איכה תרעה איכה
תרביץ בצהרים שלמה אהיה כעטיה על עדרי חבריך: אם־לא תדעי לך היפה
בנשים צאי־לך בעקבי הצאן ורעי את־גדיתיך על משכנות הרעים: לססתי
ברכבי פרעה דמיתיך רעיתי: נאוו לחייך בתרים צוארך בחרוזים: תורי זהב
נעשה־לך עם נקדות הכסף: עד־שהמלך במסבו נרדי נתן ריחו: צרור המר ׀
דודי לי בין שדי ילין: אשכל הכפר דודי לי בכרמי עין גדי: הנך יפה רעיתי
הנך יפה עיניך יונים: הנך יפה דודי אף נעים אף־ערשנו רעננה: קרות בתינו
ארזים רחיטנו רהיטנו קרי ברותים: ב אני חבצלת השרון שושנת העמקים:
כשושנה בין החוחים כן רעיתי בין הבנות: כתפוח בעצי היער כן דודי בין
הבנים

ב

שיר השירים ב ג ד 110

הבנים בצלו חמדתי וישבתי ופריו מתוק לחכי: הביאני אל־בית היין ודגלו עלי
אהבה: סמכוני באשישות רפדוני בתפוחים כי־חולת אהבה אני: שמאלו תחת
לראשי וימינו תחבקני: השבעתי אתכם בנות ירושלם בצבאות או באילות
השדה אם־תעירו ׀ ואם־תעוררו את־האהבה עד שתחפץ: קול דודי הנה־זה בא
מדלג על־ההרים מקפץ על־הגבעות: דומה דודי לצבי או לעפר האילים הנה־
זה עומד אחר כתלנו משגיח מן־החלנות מציץ מן־החרכים: ענה דודי ואמר לי
קומי לך רעיתי יפתי ולכי־לך: כי־הנה הסתו הסתיו קרי עבר הגשם חלף הלך לו:
הנצנים נראו בארץ עת הזמיר הגיע וקול התור נשמע בארצנו: התאנה חנטה
פגיה והגפנים סמדר נתנו ריח קומי לכי לך קרי רעיתי יפתי ולכי־לך: יונתי בחגוי
הסלע בסתר המדרגה הראיני את־מראיך השמיעני את־קולך כי־קולך ערב
ומראיך יתיר י׳ נאוה: אחזו־לנו שועלים שועלים קטנים מחבלים כרמים וכרמינו
ג סמדר: דודי לי ואני לו הרעה בשושנים: עד שיפוח היום ונסו הצללים סב דמה־
לך דודי לצבי או לעפר האילים על־הרי בתר: ג על־משכבי בלילות בקשתי
את שאהבה נפשי בקשתיו ולא מצאתיו: אקומה נא ואסובבה בעיר בשוקים
וברחבות אבקשה את שאהבה נפשי בקשתיו ולא מצאתיו: מצאוני השמרים
הסבבים בעיר את שאהבה נפשי ראיתם: כמעט שעברתי מהם עד שמצאתי
את שאהבה נפשי אחזתיו ולא ארפנו עד־שהביאתיו אל־בית אמי ואל־חדר הורתי:
השבעתי אתכם בנות ירושלם בצבאות או באילות השדה אם־תעירו ׀ ואם־
תעוררו את־האהבה עד שתחפץ: מי זאת עלה מן־המדבר כתימרות עשן
מקטרת מר ולבונה מכל אבקת רוכל: הנה מטתו שלשלמה ששים גברים סביב
לה מגברי ישראל: כלם אחזי חרב מלמדי מלחמה איש חרבו על־ירכו מפחד
בלילות: אפריון עשה לו המלך שלמה מעצי הלבנון: עמודיו עשה כסף רפידתו
ד זהב מרכבו ארגמן תוכו רצוף אהבה מבנות ירושלם: צאינה וראינה בנות ציון
במלך שלמה בעטרה שעטרה־לו אמו ביום חתנתו וביום שמחת לבו: ד הנך

יָפָה רַעְיָתִי הִנָּךְ יָפָה עֵינַיִךְ יוֹנִים מִבַּעַד לְצַמָּתֵךְ שַׂעְרֵךְ כְּעֵדֶר הָעִזִּים שֶׁגָּלְשׁוּ מֵהַר
גִּלְעָד׃ שִׁנַּיִךְ כְּעֵדֶר הַקְּצוּבוֹת שֶׁעָלוּ מִן־הָרַחְצָה שֶׁכֻּלָּם מַתְאִימוֹת וְשַׁכֻּלָה אֵין
בָּהֶם׃ כְּחוּט הַשָּׁנִי שִׂפְתֹתַיִךְ וּמִדְבָּרֵיךְ נָאוֶה כְּפֶלַח הָרִמּוֹן רַקָּתֵךְ מִבַּעַד לְצַמָּתֵךְ׃
כְּמִגְדַּל דָּוִיד צַוָּארֵךְ בָּנוּי לְתַלְפִּיּוֹת אֶלֶף הַמָּגֵן תָּלוּי עָלָיו כֹּל שִׁלְטֵי הַגִּבּוֹרִים׃ שְׁנֵי
שָׁדַיִךְ כִּשְׁנֵי עֳפָרִים תְּאוֹמֵי צְבִיָּה הָרוֹעִים בַּשּׁוֹשַׁנִּים׃ עַד שֶׁיָּפוּחַ הַיּוֹם וְנָסוּ הַצְּלָלִים
אֵלֶךְ לִי אֶל־הַר הַמּוֹר וְאֶל־גִּבְעַת הַלְּבוֹנָה׃ כֻּלָּךְ יָפָה רַעְיָתִי וּמוּם אֵין בָּךְ׃ אִתִּי
מִלְּבָנוֹן כַּלָּה אִתִּי מִלְּבָנוֹן תָּבוֹאִי תָּשׁוּרִי ׀ מֵרֹאשׁ אֲמָנָה מֵרֹאשׁ שְׂנִיר וְחֶרְמוֹן
מִמְּעֹנוֹת אֲרָיוֹת מֵהַרְרֵי נְמֵרִים׃ לִבַּבְתִּנִי אֲחֹתִי כַלָּה לִבַּבְתִּנִי בְּאַחַד באחת קרי
מֵעֵינַיִךְ בְּאַחַד עֲנָק מִצַּוְּרֹנָיִךְ׃ מַה־יָּפוּ דֹדַיִךְ אֲחֹתִי כַלָּה מַה־טֹּבוּ דֹדַיִךְ מִיַּיִן וְרֵיחַ
שְׁמָנַיִךְ מִכָּל־בְּשָׂמִים׃ נֹפֶת תִּטֹּפְנָה שִׂפְתוֹתַיִךְ כַּלָּה דְּבַשׁ וְחָלָב תַּחַת לְשׁוֹנֵךְ וְרֵיחַ
שַׂלְמֹתַיִךְ כְּרֵיחַ לְבָנוֹן׃ גַּן ׀ נָעוּל אֲחֹתִי כַלָּה גַּל ׀ נָעוּל מַעְיָן חָתוּם׃ שְׁלָחַיִךְ

פרדס

ה

שיר השירים ד ה ו ז נד

פַּרְדֵּס רִמּוֹנִים עִם פְּרִי מְגָדִים כְּפָרִים עִם־נְרָדִים׃ נֵרְדְּ ׀ וְכַרְכֹּם קָנֶה וְקִנָּמוֹן עִם
כָּל־עֲצֵי לְבוֹנָה מֹר וַאֲהָלוֹת עִם כָּל־רָאשֵׁי בְשָׂמִים׃ מַעְיַן גַּנִּים בְּאֵר מַיִם חַיִּים
וְנֹזְלִים מִן־לְבָנוֹן׃ עוּרִי צָפוֹן וּבוֹאִי תֵימָן הָפִיחִי גַנִּי יִזְּלוּ בְשָׂמָיו יָבֹא דוֹדִי לְגַנּוֹ
וְיֹאכַל פְּרִי מְגָדָיו׃ ה בָּאתִי לְגַנִּי אֲחֹתִי כַלָּה אָרִיתִי מוֹרִי עִם־בְּשָׂמִי אָכַלְתִּי יַעְרִי
עִם־דִּבְשִׁי שָׁתִיתִי יֵינִי עִם־חֲלָבִי אִכְלוּ רֵעִים שְׁתוּ וְשִׁכְרוּ דּוֹדִים׃ אֲנִי יְשֵׁנָה
וְלִבִּי עֵר קוֹל ׀ דּוֹדִי דוֹפֵק פִּתְחִי־לִי אֲחֹתִי רַעְיָתִי יוֹנָתִי תַמָּתִי שֶׁרֹּאשִׁי נִמְלָא־
טָל קְוֻצּוֹתַי רְסִיסֵי לָיְלָה׃ פָּשַׁטְתִּי אֶת־כֻּתָּנְתִּי אֵיכָכָה אֶלְבָּשֶׁנָּה רָחַצְתִּי אֶת־רַגְלַי
אֵיכָכָה אֲטַנְּפֵם׃ דּוֹדִי שָׁלַח יָדוֹ מִן־הַחֹר וּמֵעַי הָמוּ עָלָיו׃ קַמְתִּי אֲנִי לִפְתֹּחַ
לְדוֹדִי וְיָדַי נָטְפוּ־מוֹר וְאֶצְבְּעֹתַי מוֹר עֹבֵר עַל כַּפּוֹת הַמַּנְעוּל׃ פָּתַחְתִּי אֲנִי
לְדוֹדִי וְדוֹדִי חָמַק עָבָר נַפְשִׁי יָצְאָה בְדַבְּרוֹ בִּקַּשְׁתִּיהוּ וְלֹא מְצָאתִיהוּ קְרָאתִיו
וְלֹא עָנָנִי׃ מְצָאֻנִי הַשֹּׁמְרִים הַסֹּבְבִים בָּעִיר הִכּוּנִי פְצָעוּנִי נָשְׂאוּ אֶת־רְדִידִי
מֵעָלַי שֹׁמְרֵי הַחֹמוֹת׃ הִשְׁבַּעְתִּי אֶתְכֶם בְּנוֹת יְרוּשָׁלָ‍ִם אִם־תִּמְצְאוּ אֶת־דּוֹדִי מַה־
תַּגִּידוּ לוֹ שֶׁחוֹלַת אַהֲבָה אָנִי׃ מַה־דּוֹדֵךְ מִדּוֹד הַיָּפָה בַּנָּשִׁים מַה־דּוֹדֵךְ מִדּוֹד
שֶׁכָּכָה הִשְׁבַּעְתָּנוּ׃ דּוֹדִי צַח וְאָדוֹם דָּגוּל מֵרְבָבָה׃ רֹאשׁוֹ כֶּתֶם פָּז קְוֻצּוֹתָיו
תַּלְתַּלִּים שְׁחֹרוֹת כָּעוֹרֵב׃ עֵינָיו כְּיוֹנִים עַל־אֲפִיקֵי מָיִם רֹחֲצוֹת בֶּחָלָב יֹשְׁבוֹת עַל־
מִלֵּאת׃ לְחָיָו כַּעֲרוּגַת הַבֹּשֶׂם מִגְדְּלוֹת מֶרְקָחִים שִׂפְתוֹתָיו שׁוֹשַׁנִּים נֹטְפוֹת מוֹר
עֹבֵר׃ יָדָיו גְּלִילֵי זָהָב מְמֻלָּאִים בַּתַּרְשִׁישׁ מֵעָיו עֶשֶׁת שֵׁן מְעֻלֶּפֶת סַפִּירִים׃
שׁוֹקָיו עַמּוּדֵי שֵׁשׁ מְיֻסָּדִים עַל־אַדְנֵי־פָז מַרְאֵהוּ כַּלְּבָנוֹן בָּחוּר כָּאֲרָזִים׃ חִכּוֹ
ו מַמְתַקִּים וְכֻלּוֹ מַחֲמַדִּים זֶה דוֹדִי וְזֶה רֵעִי בְּנוֹת יְרוּשָׁלָ‍ִם׃ ו אָנָה הָלַךְ דּוֹדֵךְ הַיָּפָה
בַּנָּשִׁים אָנָה פָּנָה דוֹדֵךְ וּנְבַקְשֶׁנּוּ עִמָּךְ׃ דּוֹדִי יָרַד לְגַנּוֹ לַעֲרוּגוֹת הַבֹּשֶׂם לִרְעוֹת
בַּגַּנִּים וְלִלְקֹט שׁוֹשַׁנִּים׃ אֲנִי לְדוֹדִי וְדוֹדִי לִי הָרֹעֶה בַּשּׁוֹשַׁנִּים׃ יָפָה אַתְּ רַעְיָתִי
כְּתִרְצָה נָאוָה כִּירוּשָׁלָ‍ִם אֲיֻמָּה כַּנִּדְגָּלוֹת׃ הָסֵבִּי עֵינַיִךְ מִנֶּגְדִּי שֶׁהֵם הִרְהִיבֻנִי
שַׂעְרֵךְ כְּעֵדֶר הָעִזִּים שֶׁגָּלְשׁוּ מִן־הַגִּלְעָד׃ שִׁנַּיִךְ כְּעֵדֶר הָרְחֵלִים שֶׁעָלוּ מִן־הָרַחְצָה
שֶׁכֻּלָּם מַתְאִימוֹת וְשַׁכֻּלָה אֵין בָּהֶם׃ כְּפֶלַח הָרִמּוֹן רַקָּתֵךְ מִבַּעַד לְצַמָּתֵךְ׃ שִׁשִּׁים
הֵמָּה מְלָכוֹת וּשְׁמֹנִים פִּילַגְשִׁים וַעֲלָמוֹת אֵין מִסְפָּר׃ אַחַת הִיא יוֹנָתִי תַמָּתִי
אַחַת הִיא לְאִמָּהּ בָּרָה הִיא לְיוֹלַדְתָּהּ רָאוּהָ בָנוֹת וַיְאַשְּׁרוּהָ מְלָכוֹת וּפִילַגְשִׁים
וַיְהַלְלוּהָ׃ מִי־זֹאת הַנִּשְׁקָפָה כְּמוֹ־שָׁחַר יָפָה כַלְּבָנָה בָּרָה כַּחַמָּה אֲיֻמָּה כַּנִּדְגָּלוֹת׃
אֶל־גִּנַּת אֱגוֹז יָרַדְתִּי לִרְאוֹת בְּאִבֵּי הַנָּחַל לִרְאוֹת הֲפָרְחָה הַגֶּפֶן הֵנֵצוּ הָרִמֹּנִים׃
ז לֹא יָדַעְתִּי נַפְשִׁי שָׂמַתְנִי מַרְכְּבוֹת עַמִּי־נָדִיב׃ ז שׁוּבִי שׁוּבִי הַשּׁוּלַמִּית שׁוּבִי שׁוּבִי
וְנֶחֱזֶה־בָּךְ מַה־תֶּחֱזוּ בַּשּׁוּלַמִּית כִּמְחֹלַת הַמַּחֲנָיִם׃ מַה־יָּפוּ פְעָמַיִךְ בַּנְּעָלִים בַּת־

נָדִיב חַמּוּקֵי יְרֵכַיִךְ כְּמוֹ חֲלָאִים מַעֲשֵׂה יְדֵי אָמָּן׃ שָׁרְרֵךְ אַגַּן הַסַּהַר אַל־יֶחְסַר
הַמָּזֶג בִּטְנֵךְ עֲרֵמַת חִטִּים סוּגָה בַּשּׁוֹשַׁנִּים׃ שְׁנֵי שָׁדַיִךְ כִּשְׁנֵי עֳפָרִים תָּאֳמֵי
צְבִיָּה׃ צַוָּארֵךְ כְּמִגְדַּל הַשֵּׁן עֵינַיִךְ בְּרֵכוֹת בְּחֶשְׁבּוֹן עַל־שַׁעַר בַּת־רַבִּים אַפֵּךְ
כְּמִגְדַּל הַלְּבָנוֹן צוֹפֶה פְּנֵי דַמָּשֶׂק׃ רֹאשֵׁךְ עָלַיִךְ כַּכַּרְמֶל וְדַלַּת רֹאשֵׁךְ כָּאַרְגָּמָן
מֶלֶךְ אָסוּר בָּרְהָטִים׃ מַה־יָּפִית וּמַה־נָּעַמְתְּ אַהֲבָה בַּתַּעֲנוּגִים׃ זֹאת קוֹמָתֵךְ

דמתה

דָּמְתָה לְתָמָר וְשָׁדַיִךְ לְאַשְׁכֹּלוֹת׃ אָמַרְתִּי אֶעֱלֶה בְתָמָר אֹחֲזָה בְּסַנְסִנָּיו וְיִהְיוּ־
נָא שָׁדַיִךְ כְּאֶשְׁכְּלוֹת הַגֶּפֶן וְרֵיחַ אַפֵּךְ כַּתַּפּוּחִים׃ וְחִכֵּךְ כְּיֵין הַטּוֹב הוֹלֵךְ
לְדוֹדִי לְמֵישָׁרִים דּוֹבֵב שִׂפְתֵי יְשֵׁנִים׃ אֲנִי לְדוֹדִי וְעָלַי תְּשׁוּקָתוֹ׃ לְכָה דוֹדִי נֵצֵא
הַשָּׂדֶה נָלִינָה בַּכְּפָרִים׃ נַשְׁכִּימָה לַכְּרָמִים נִרְאֶה אִם־פָּרְחָה הַגֶּפֶן פִּתַּח הַסְּמָדַר
הֵנֵצוּ הָרִמּוֹנִים שָׁם אֶתֵּן אֶת־דֹּדַי לָךְ׃ הַדּוּדָאִים נָתְנוּ־רֵיחַ וְעַל־פְּתָחֵינוּ כָּל־
ח מְגָדִים חֲדָשִׁים גַּם־יְשָׁנִים דּוֹדִי צָפַנְתִּי לָךְ׃ ח מִי יִתֶּנְךָ כְּאָח לִי יוֹנֵק שְׁדֵי אִמִּי
אֶמְצָאֲךָ בַחוּץ אֶשָּׁקְךָ גַּם לֹא־יָבֻזוּ לִי׃ אֶנְהָגֲךָ אֲבִיאֲךָ אֶל־בֵּית אִמִּי תְּלַמְּדֵנִי
אַשְׁקְךָ מִיַּיִן הָרֶקַח מֵעֲסִיס רִמֹּנִי׃ שְׂמֹאלוֹ תַּחַת רֹאשִׁי וִימִינוֹ תְּחַבְּקֵנִי׃ הִשְׁבַּעְתִּי
אֶתְכֶם בְּנוֹת יְרוּשָׁלָםִ מַה־תָּעִירוּ ׀ וּמַה־תְּעֹרְרוּ אֶת־הָאַהֲבָה עַד־שֶׁתֶּחְפָּץ׃
מִי זֹאת עֹלָה מִן־הַמִּדְבָּר מִתְרַפֶּקֶת עַל־דּוֹדָהּ תַּחַת הַתַּפּוּחַ עוֹרַרְתִּיךָ שָׁמָּה
חִבְּלַתְךָ אִמֶּךָ שָׁמָּה חִבְּלָה יְלָדַתְךָ׃ שִׂימֵנִי כַחוֹתָם עַל־לִבֶּךָ כַּחוֹתָם עַל־זְרוֹעֶךָ
כִּי־עַזָּה כַמָּוֶת אַהֲבָה קָשָׁה כִשְׁאוֹל קִנְאָה רְשָׁפֶיהָ רִשְׁפֵּי אֵשׁ שַׁלְהֶבֶתְיָה׃ מַיִם
רַבִּים לֹא יוּכְלוּ לְכַבּוֹת אֶת־הָאַהֲבָה וּנְהָרוֹת לֹא יִשְׁטְפוּהָ אִם־יִתֵּן אִישׁ אֶת־
כָּל־הוֹן בֵּיתוֹ בָּאַהֲבָה בּוֹז יָבוּזוּ לוֹ׃ אָחוֹת לָנוּ קְטַנָּה וְשָׁדַיִם אֵין לָהּ מַה־
נַּעֲשֶׂה לַאֲחֹתֵנוּ בַּיּוֹם שֶׁיְּדֻבַּר־בָּהּ׃ אִם־חוֹמָה הִיא נִבְנֶה עָלֶיהָ טִירַת כָּסֶף
וְאִם־דֶּלֶת הִיא נָצוּר עָלֶיהָ לוּחַ אָרֶז׃ אֲנִי חוֹמָה וְשָׁדַי כַּמִּגְדָּלוֹת אָז הָיִיתִי
בְעֵינָיו כְּמוֹצְאֵת שָׁלוֹם׃ כֶּרֶם הָיָה לִשְׁלֹמֹה בְּבַעַל הָמוֹן נָתַן אֶת־הַכֶּרֶם
לַנֹּטְרִים אִישׁ יָבִא בְּפִרְיוֹ אֶלֶף כָּסֶף׃ כַּרְמִי שֶׁלִּי לְפָנָי הָאֶלֶף לְךָ שְׁלֹמֹה וּמָאתַיִם
לְנֹטְרִים אֶת־פִּרְיוֹ׃ הַיּוֹשֶׁבֶת בַּגַּנִּים חֲבֵרִים מַקְשִׁיבִים לְקוֹלֵךְ הַשְׁמִיעִנִי׃ בְּרַח
דּוֹדִי וּדְמֵה־לְךָ לִצְבִי אוֹ לְעֹפֶר הָאַיָּלִים עַל הָרֵי בְשָׂמִים׃

רִבּוֹן כָּל הָעוֹלָמִים יְהִי רָצוֹן מִלְּפָנֶיךָ יְיָ אֱלֹהַי וֵאלֹהֵי אֲבוֹתַי שֶׁבִּזְכוּת שִׁיר
הַשִּׁירִים אֲשֶׁר קָרִיתִי וְלָמַדְתִּי שֶׁהוּא קֹדֶשׁ קָדָשִׁים בִּזְכוּת פְּסוּקָיו וּבִזְכוּת
תֵּבוֹתָיו וּבִזְכוּת אוֹתִיּוֹתָיו וּבִזְכוּת נְקֻדּוֹתָיו וּבִזְכוּת טְעָמָיו וּבִזְכוּת שְׁמוֹתָיו
וְצֵרוּפָיו וּרְמָזָיו וְסוֹדוֹתָיו הַקְּדוֹשִׁים וְהַטְּהוֹרִים הַנּוֹרָאִים הַיּוֹצְאִים מִמֶּנּוּ
שֶׁתְּהֵא שָׁעָה זוּ שְׁעַת רַחֲמִים שְׁעַת הַקְשָׁבָה שְׁעַת הַאֲזָנָה וְנִקְרָאֲךָ וְתַעֲנֵנוּ
נַעְתִּיר לְךָ וְהֵעָתֵר לָנוּ שֶׁיִּהְיֶה עוֹלֶה לְפָנֶיךָ קְרִיאַת וְלִמּוּד שִׁיר הַשִּׁירִים
כְּאִלּוּ הִשַּׂגְנוּ כָּל הַסּוֹדוֹת הַנִּפְלָאוֹת וְהַנּוֹרָאוֹת אֲשֶׁר הֵם חֲתוּמִים בּוֹ בְּכָל תְּנָאָיו
וְנִזְכֶּה לְמָקוֹם שֶׁהָרוּחוֹת וְהַנְּשָׁמוֹת נֶחֱצָבוֹת מִשָּׁם וּכְאִלּוּ עָשִׂינוּ כָּל מַה שֶּׁמּוּטָל
עָלֵינוּ לְהַשִּׂיג בֵּין בְּגִלְגּוּל זֶה בֵּין בְּגִלְגּוּל אַחֵר וְלִהְיוֹת מִן הָעוֹלִים וְהַזּוֹכִים
לָעוֹלָם הַבָּא עִם שְׁאָר צַדִּיקִים וַחֲסִידִים ׳ וּמַלֵּא כָּל מִשְׁאֲלוֹת לִבֵּנוּ לְטוֹבָה
וְתִהְיֶה עִם לְבָבֵנוּ וְאִמְרֵי פִינוּ בְּעֵת מַחְשְׁבוֹתֵינוּ וְעִם יָדֵינוּ בְּעֵת מַעְבָּדֵינוּ
וְתִשְׁלַח בְּרָכָה וְהַצְלָחָה וְהַרְוָחָה בְּכָל מַעֲשֵׂה יָדֵינוּ וּמֵעָפָר תְּקִימֵנוּ וּמֵאַשְׁפּוֹת
דַּלּוּתֵנוּ תְּרוֹמְמֵנוּ וְתָשִׁיב שְׁכִינָתְךָ לְעִיר קָדְשֶׁךָ בִּמְהֵרָה בְיָמֵינוּ אָמֵן׃

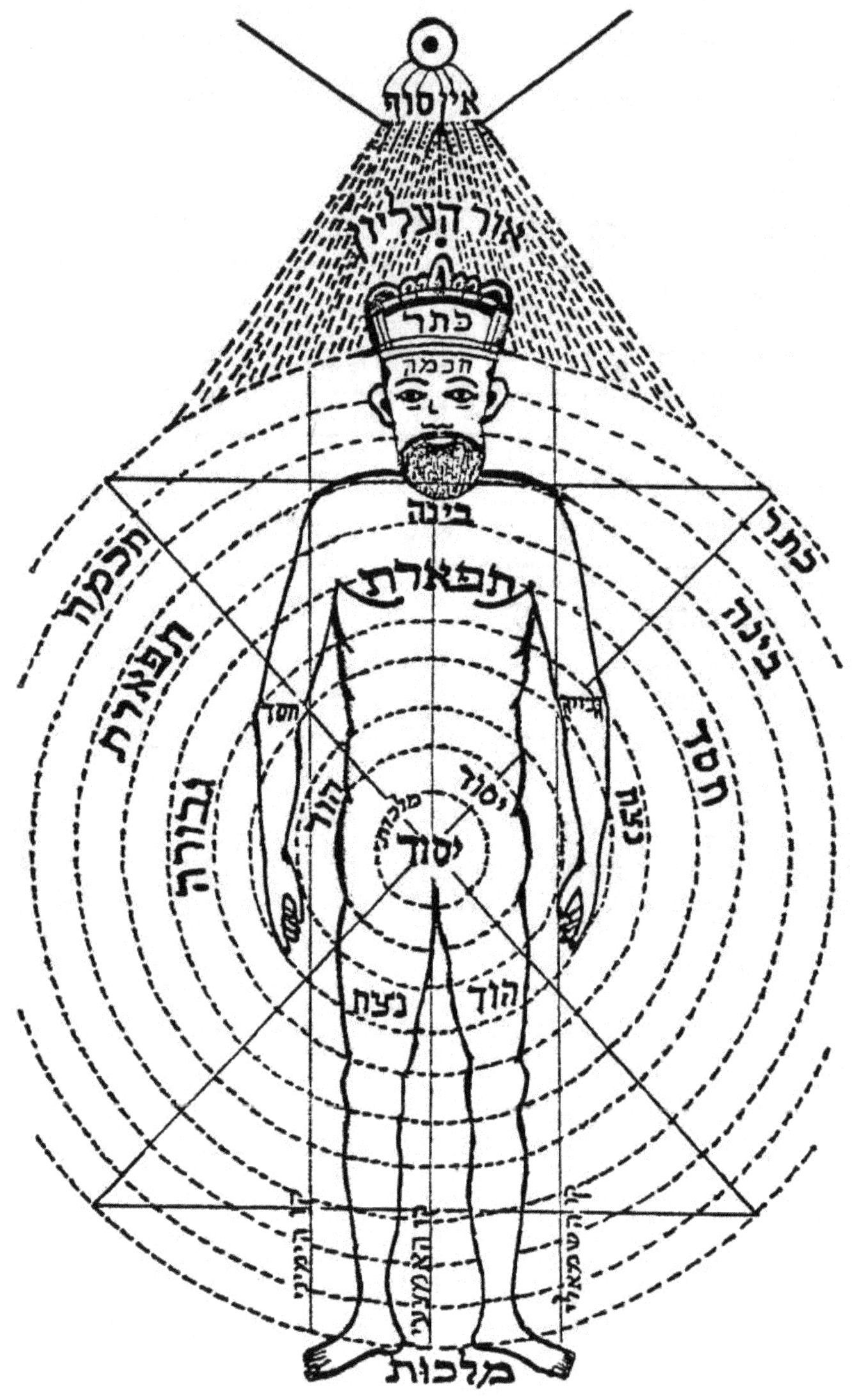

אֻיַּר על ידי שמואל אביטל.
April 77. ניסן תשל"ז.

.77. Samuel Avital. בֹּבֹ

THE

SONG OF SOLOMON

THE song of songs, which *is*
Solomon's.
2 Let him kiss me with the
kisses of his mouth: for thy love
is better than wine.
3 Because of the savour of thy good
ointments thy name *is as* ointment poured
forth, therefore do the virgins love thee.
4 Draw me, we will run after thee: the
king hath brought me into his chambers:
we will be glad and rejoice in thee, we
will remember thy love more than wine:
the upright love thee.
5 I *am* black, but comely, O ye daugh-
ters of Jerusalem, as the tents of Kedar,
as the curtains of Solomon.
6 Look not upon me, because I *am*
black, because the sun hath looked upon
me: my mother's children were angry
with me; they made me the keeper of the
vineyards; *but* mine own vineyard have
I not kept.
7 Tell me, O thou whom my soul loveth,
where thou feedest, where thou makest
thy flock to rest at noon: for why should
I be as one that turneth aside by the
flocks of thy companions?
8 ¶ If thou know not, O thou fairest
among women, go thy way forth by the
footsteps of the flock, and feed thy kids
beside the shepherds' tents.
9 I have compared thee, O my love, to a
company of horses in Pharaoh's chariots.
10 Thy cheeks are comely with rows *of
jewels,* thy neck with chains *of gold.*
11 We will make thee borders of gold
with studs of silver.
12 ¶ While the king *sitteth* at his table,
my spikenard sendeth forth the smell
thereof.

13 A bundle of myrrh *is* my wellbeloved unto me; he shall lie all night betwixt my breasts.

14 My beloved *is* unto me *as* a cluster of camphire in the vineyards of En-gedi.

15 Behold, thou *art* fair, my love; behold, thou *art* fair; thou *hast* doves' eyes.

16 Behold, thou *art* fair, my beloved, yea, pleasant: also our bed *is* green.

17 The beams of our house *are* cedar, *and* our rafters of fir.

CHAPTER 2

I *AM* the rose of Sharon, *and* the lily of the valleys.

2 As the lily among thorns, so *is* my love among the daughters.

3 As the apple tree among the trees of the wood, so *is* my beloved among the sons. I sat down under his shadow with great delight, and his fruit *was* sweet to my taste.

4 He brought me to the banqueting house, and his banner over me *was* love.

5 Stay me with flagons, comfort me with apples: for I *am* sick of love.

6 His left hand *is* under my head, and his right hand doth embrace me.

7 I charge you, O ye daughters of Jerusalem, by the roes, and by the hinds of the field, that ye stir not up, nor awake *my* love, till he please.

8 ¶ The voice of my beloved! behold, he cometh leaping upon the mountains, skipping upon the hills.

9 My beloved is like a roe or a young hart: behold, he standeth behind our wall, he looketh forth at the windows, shewing himself through the lattice.

10 My beloved spake, and said unto me, Rise up, my love, my fair one, and come away.

11 For, lo, the winter is past, the rain is over *and* gone;

12 The flowers appear on the earth; the time of the singing *of birds* is come, and the voice of the turtle is heard in our land;

13 The fig tree putteth forth her green figs, and the vines *with* the tender grape give a *good* smell. Arise, my love, my fair one, and come away.

14 ¶ O my dove, *that art* in the clefts of the rock, in the secret *places* of the stairs, let me see thy countenance, let me hear thy voice; for sweet *is* thy voice, and thy countenance *is* comely.

15 Take us the foxes, the little foxes, that spoil the vines: for our vines *have* tender grapes.

16 ¶ My beloved *is* mine, and I *am* his: he feedeth among the lilies.

17 Until the day break, and the shadows flee away, turn, my beloved, and be thou like a roe or a young hart upon the mountains of Bether.

CHAPTER 3

BY night on my bed I sought him whom my soul loveth: I sought him, but I found him not.

2 I will rise now, and go about the city in the streets, and in the broad ways I will seek him whom my soul loveth: I sought him, but I found him not.

3 The watchmen that go about the city found me: *to whom I said*, Saw ye him whom my soul loveth?

4 *It was* but a little that I passed from them, but I found him whom my soul loveth: I held him, and would not let him go, until I had brought him into my mother's house, and into the chamber of her that conceived me.

5 I charge you, O ye daughters of Jerusalem, by the roes, and by the hinds of the field, that ye stir not up, nor awake *my* love, till he please.

6 ¶ Who *is* this that cometh out of the wilderness like pillars of smoke, perfumed with myrrh and frankincense, with all powders of the merchant?

7 Behold his bed, which *is* Solomon's; threescore valiant men *are* about it, of the valiant of Israel.

8 They all hold swords, *being* expert in war: every man *hath* his sword upon his thigh because of fear in the night.

9 King Solomon made himself a chariot of the wood of Lebanon.

10 He made the pillars thereof *of* silver, the bottom thereof *of* gold, the covering of it *of* purple, the midst thereof being paved *with* love, for the daughters of Jerusalem.

11 Go forth, O ye daughters of Zion, and behold king Solomon with the crown wherewith his mother crowned him in the day of his espousals, and in the day of the gladness of his heart.

CHAPTER 4

BEHOLD, thou *art* fair, my love; behold, thou *art* fair; thou *hast* doves' eyes within thy locks: thy hair *is* as a flock of goats, that appear from mount Gilead.

2 Thy teeth *are* like a flock *of sheep that are even* shorn, which came up from the washing; whereof every one bear twins, and none *is* barren among them.

3 Thy lips *are* like a thread of scarlet, and thy speech *is* comely: thy temples *are* like a piece of a pomegranate within thy locks.

4 Thy neck *is* like the tower of David builded for an armoury, whereon there hang a thousand bucklers, all shields of mighty men.

5 Thy two breasts *are* like two young roes that are twins, which feed among the lilies.

6 Until the day break, and the shadows flee away, I will get me to the mountain of myrrh, and to the hill of frankincense.

7 Thou *art* all fair, my love; *there is* no spot in thee.

8 ¶ Come with me from Lebanon, *my* spouse, with me from Lebanon: look from the top of Amana, from the top of Shenir and Hermon, from the lions' dens, from the mountains of the leopards.

9 Thou hast ravished my heart, my sister, *my* spouse; thou hast ravished my heart with one of thine eyes, with one chain of thy neck.

10 How fair is thy love, my sister, *my* spouse! how much better is thy love than wine! and the smell of thine ointments than all spices!

11 Thy lips, O *my* spouse, drop *as* the honeycomb: honey and milk *are* under thy tongue; and the smell of thy garments *is* like the smell of Lebanon.

12 A garden inclosed *is* my sister, *my* spouse; a spring shut up, a fountain sealed.

13 Thy plants *are* an orchard of pomegranates, with pleasant fruits; camphire, with spikenard,

14 Spikenard and saffron; calamus and cinnamon, with all trees of frankincense; myrrh and aloes, with all the chief spices:

15 A fountain of gardens, a well of living waters, and streams from Lebanon.

16 ¶ Awake, O north wind; and come, thou south; blow upon my garden, *that* the spices thereof may flow out. Let my beloved come into his garden, and eat his pleasant fruits.

CHAPTER 5

I AM come into my garden, my sister, *my* spouse: I have gathered my myrrh with my spice; I have eaten my honeycomb with my honey; I have drunk my wine with my milk: eat, O friends; drink, yea, drink abundantly, O beloved.

2 ¶ I sleep, but my heart waketh: *it is* the voice of my beloved that knocketh, *saying*, Open to me, my sister, my love, my dove, my undefiled: for my head is

filled with dew, *and* my locks with the drops of the night.

3 I have put off my coat; how shall I put it on? I have washed my feet; how shall I defile them?

4 My beloved put in his hand by the hole *of the door*, and my bowels were moved for him.

5 I rose up to open to my beloved; and my hands dropped *with* myrrh, and my fingers *with* sweet smelling myrrh, upon the handles of the lock.

6 I opened to my beloved; but my beloved had withdrawn himself, *and* was gone: my soul failed when he spake: I sought him, but I could not find him; I called him, but he gave me no answer.

7 The watchmen that went about the city found me, they smote me, they wounded me; the keepers of the walls took away my veil from me.

8 I charge you, O daughters of Jerusalem, if ye find my beloved, that ye tell him, that I *am* sick of love.

9 ¶ What *is* thy beloved more than *another* beloved, O thou fairest among women? what *is* thy beloved more than *another* beloved, that thou dost so charge us?

10 My beloved *is* white and ruddy, the chiefest among ten thousand.

11 His head *is as* the most fine gold, his locks *are* bushy, *and* black as a raven.

12 His eyes *are* as *the eyes* of doves by the rivers of waters, washed with milk, *and* fitly set.

13 His cheeks *are* as a bed of spices, *as* sweet flowers: his lips *like* lilies, dropping sweet smelling myrrh.

14 His hands *are as* gold rings set with the beryl: his belly *is as* bright ivory overlaid *with* sapphires.

15 His legs *are as* pillars of marble, set upon sockets of fine gold: his countenance *is* as Lebanon, excellent as the cedars.

16 His mouth *is* most sweet: yea, he *is* altogether lovely. This *is* my beloved, and this *is* my friend, O daughters of Jerusalem.

CHAPTER 6

WHITHER is thy beloved gone, O thou fairest among women? whither is thy beloved turned aside? that we may seek him with thee.

2 My beloved is gone down into his garden, to the beds of spices, to feed in the gardens, and to gather lilies.

3 I *am* my beloved's, and my beloved *is* mine: he feedeth among the lilies.

4 ¶ Thou *art* beautiful, O my love, as Tirzah, comely as Jerusalem, terrible as *an army* with banners.

5 Turn away thine eyes from me, for they have overcome me: thy hair *is* as a flock of goats that appear from Gilead.

6 Thy teeth *are* as a flock of sheep which go up from the washing, whereof every one beareth twins, and *there is* not one barren among them.

7 As a piece of a pomegranate *are* thy temples within thy locks.

8 There are threescore queens, and fourscore concubines, and virgins without number.

9 My dove, my undefiled is *but* one; she *is* the *only* one of her mother, she *is* the choice *one* of her that bare her. The daughters saw her, and blessed her; *yea*, the queens and the concubines, and they praised her.

10 ¶ Who *is* she *that* looketh forth as the morning, fair as the moon, clear as the sun, *and* terrible as *an army* with banners?

11 I went down into the garden of nuts to see the fruits of the valley, *and* to see whether the vine flourished, *and* the pomegranates budded.

12 Or ever I was aware, my soul made me *like* the chariots of Ammi-nadib.

13 Return, return, O Shulamite; re-
turn, return, that we may look upon thee.
What will ye see in the Shulamite? As
it were the company of two armies.

CHAPTER 7

HOW beautiful are thy feet with
shoes, O prince's daughter! the
joints of thy thighs *are* like
jewels, the work of the hands of a cun-
ning workman.
2 Thy navel *is like* a round goblet, *which*
wanteth not liquor: thy belly *is like* an
heap of wheat set about with lilies.
3 Thy two breasts *are* like two young
roes *that are* twins.
4 Thy neck *is* as a tower of ivory; thine
eyes *like* the fishpools in Heshbon, by
the gate of Bath-rabbim: thy nose *is*
as the tower of Lebanon which looketh
toward Damascus.
5 Thine head upon thee *is* like Carmel,
and the hair of thine head like purple;
the king *is* held in the galleries.
6 How fair and how pleasant art thou,
O love, for delights!
7 This thy stature is like to a palm tree,
and thy breasts to clusters *of grapes*.
8 I said, I will go up to the palm tree,
I will take hold of the boughs thereof:
now also thy breasts shall be as clusters
of the vine, and the smell of thy nose
like apples;
9 And the roof of thy mouth like the
best wine for my beloved, that goeth
down sweetly, causing the lips of those
that are asleep to speak.
10 ¶ I *am* my beloved's, and his desire
is toward me.
11 Come, my beloved, let us go forth
into the field; let us lodge in the villages.
12 Let us get up early to the vineyards;
let us see if the vine flourish, *whether* the
tender grape appear, *and* the pome-
granates bud forth: there will I give thee
my loves.
13 The mandrakes give a smell, and at
our gates *are* all manner of pleasant
fruits, new and old, *which* I have laid up
for thee, O my beloved.

CHAPTER 8

O THAT thou *wert* as my bro-
ther, that sucked the breasts of
my mother! *when* I should find
thee without, I would kiss thee; yea, I
should not be despised.
2 I would lead thee, *and* bring thee into
my mother's house, *who* would instruct
me: I would cause thee to drink of spiced
wine of the juice of my pomegranate.
3 His left hand *should be* under my
head, and his right hand should embrace
me.
4 I charge you, O daughters of Jeru-
salem, that ye stir not up, nor awake *my*
love, until he please.
5 Who *is* this that cometh up from the
wilderness, leaning upon her beloved?
I raised thee up under the apple tree:
there thy mother brought thee forth:
there she brought thee forth *that* bare
thee.
6 ¶ Set me as a seal upon thine heart, as
a seal upon thine arm: for love *is* strong
as death; jealousy *is* cruel as the grave:
the coals thereof *are* coals of fire, *which
hath* a most vehement flame.
7 Many waters cannot quench love,
neither can the floods drown it: if a
man would give all the substance of his
house for love, it would utterly be con-
temned.
8 ¶ We have a little sister, and she hath
no breasts: what shall we do for our
sister in the day when she shall be spoken
for?
9 If she *be* a wall, we will build upon
her a palace of silver: and if she *be* a
door, we will inclose her with boards of
cedar.
10 I *am* a wall, and my breasts like

towers: then was I in his eyes as one that
found favour.
11 Solomon had a vineyard at Baal-
hamon; he let out the vineyard unto
keepers; every one for the fruit thereof
was to bring a thousand *pieces* of silver.
12 My vineyard, which *is* mine, *is* be-
fore me: thou, O Solomon, *must have* a
thousand, and those that keep the fruit
thereof two hundred.
13 Thou that dwellest in the gardens,
the companions hearken to thy voice:
cause me to hear *it*.
14 Make haste, my beloved, and be
thou like to a roe or to a young hart upon
the mountains of spices.

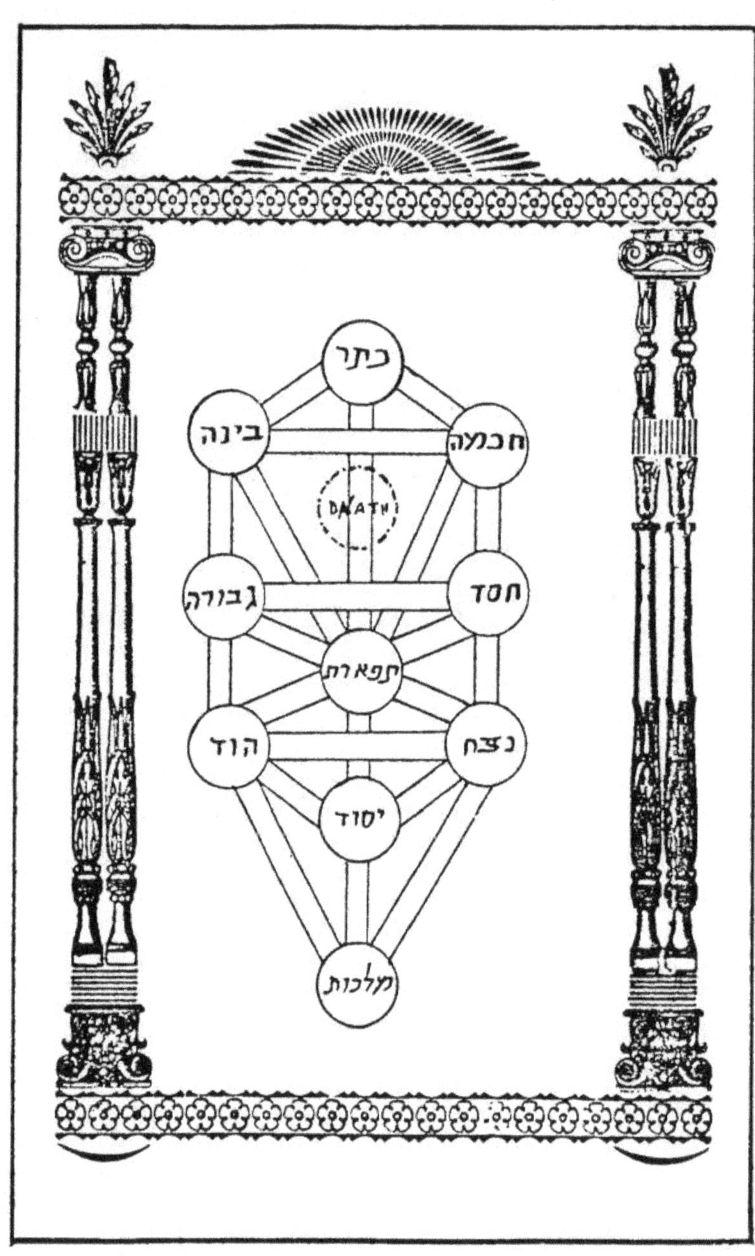

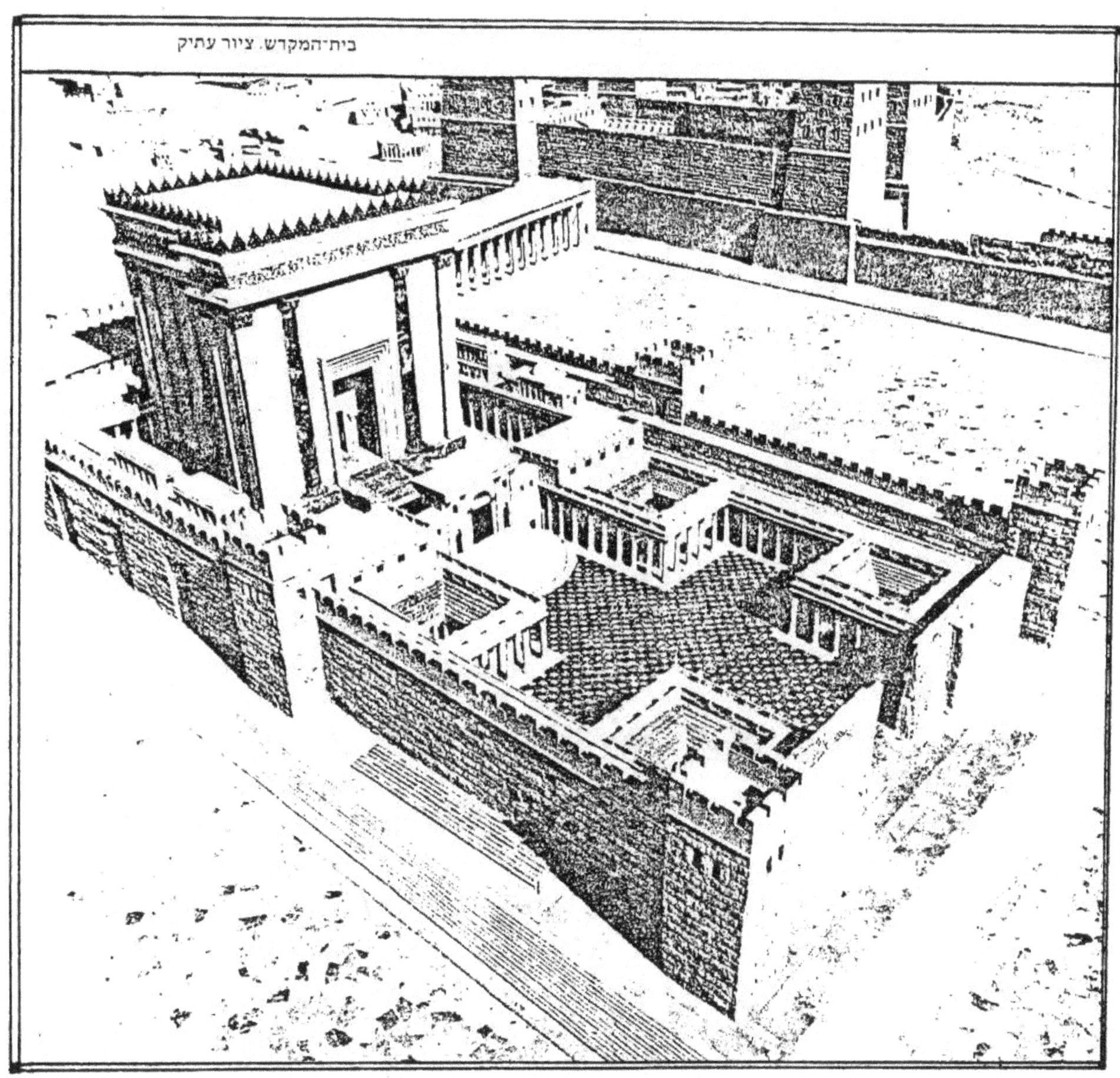

The ancient Holy Temple in Jerusalem.
Old painting, unknown.

Illustration : from an ancient book cover.

Allow me, dear friends, to voice once again my deep gratitude for honoring us in this house tonight with your beloved presence, to join in this holy celebration of Passover -- the holy day where we dwell on freedom and self-transformation from that which is past to that which is future.

I hope that we all learned something new tonight and that it will reverberate in our consciousness during the year, to act and think toward that state of being free and master of oneself in these troubled times we live in, this transitional life on the planet.

Do keep the spirit of being free in all daily life, and if you forget, just remember this night and its implication in our consciousness. In that memory we will renew ourselves to be what we are meant to be.

Carry with you the joy from this table (altar). All the stories we heard tonight will serve as a clue for remembering our birthright to be free in the Divine state while in the human body-temple.

I elevate my self to the cosmic state, near to the Holy throne of the beloved Creator who gave us life and light to carry on, in our manifestation, the "ancient message" of the continuity of life, of the practical wisdom, of the alignment with the Divine, Mankind, and the Cosmic in every thought and action during our "travel" on this physical plane.

And from that state of bliss and infinite joy I bless all of you, with the intensity of the beloved -- body, soul, and spirit.

May the Light of the Zoharic illumination be with you -- when you go and when you come, when you sleep and when you wake, when you eat and when you drink, when you walk and when you sit.

This is the sign by which every one of you here tonight is blessed.

May the rainbow of Peace protect you and manifest all colors of being and becoming, now and forever. SO BE IT.

SHALOM and Happy Holy Days to all.

Samuel Ben-Or Avital

שמואל בן - אור
אביטל

Menorah. carved in stone.
3rd century.

שמות

"וְאֵלֶּה שְׁמוֹת בְּנֵי יִשְׂרָאֵל הַבָּאִים מִצְרָיְמָה אֵת יַעֲקֹב ---
וַיָּקָם מֶלֶךְ חָדָשׁ עַל מִצְרָיִם, אֲשֶׁר לֹא יָדַע אֶת יוֹסֵף. וַיֹּאמֶר אֶל
עַמּוֹ: הִנֵּה עַם בְּנֵי יִשְׂרָאֵל רַב וְעָצוּם מִמֶּנּוּ. הָבָה נִתְחַכְּמָה לוֹ, פֶּן
יִרְבֶּה וְהָיָה כִּי תִקְרֶאנָה מִלְחָמָה וְנוֹסַף גַּם הוּא עַל שֹׂנְאֵינוּ
וְנִלְחַם בָּנוּ וְעָלָה מִן הָאָרֶץ. וַיָּשִׂימוּ עָלָיו שָׂרֵי מִסִּים לְמַעַן עַנֹּתוֹ
בְּסִבְלֹתָם --- וַיַּעֲבִדוּ מִצְרַיִם אֶת בְּנֵי יִשְׂרָאֵל בְּפָרֶךְ. וַיְמָרְרוּ
אֶת חַיֵּיהֶם בַּעֲבֹדָה קָשָׁה בְּחֹמֶר וּבִלְבֵנִים".

יש חוקיות בתהליכי הגלות. תמיד חוזרים הדברים כמעט באותה מתכונת. היהודים באים לארץ מסויימת, הם מתקבלים בה ברצון, והם משתלבים במערכותיה הכלכליות והחברתיות. רבים מהם תורמים לשגשוג הכלכלי של אותה ארץ. הם מקימים מתוכם אנשי-מדע, אישי-תרבות, ובעיקר — גאונים פיננסיים. בשעה שהארץ נקלעת למשבר-כלכלי מצילים יהודים את כלכלת הארץ. לפתע, "ויקם מלך חדש". קם דור חדש, או משטר חדש, והוא אינו מכיר בתועלת שהיהודים הביאו ועודם מביאים לאותה ארץ. פתאום הופכים היהודים כצנינים בעיני המשטר, בעיני "המלך החדש". מתחילה הסתה אנטישמית. היהודים מוצגים כגורם עויין והרסני. מאשימים אותם ומדביקים להם כל מום רע. אומרים שהם פוזלים לעבר אויביה של המדינה. "המלך החדש" מתחיל לחפש אמצעים לדכא בהם את היהודים, איך לצמצם את השפעתם, כיצד ליטול מהם את זכויותיהם ולהפלותם לרעה.

"הָבָה נִתְחַכְּמָה לוֹ".

הם לא עושים זאת בגלוי, אלא תוך התחכמויות, באמצעות חוקים מפולפלים שמטרתם העיקרית לפגוע ביהודים: "וישימו עליו שרי מיסים למען ענותו". המיסים הגבוהים המוטלים במיוחד על הענפים היהודיים — הם לא רק כדי להעשיר את קופת המדינה, אלא בעיקר בשביל לרוקן את כיסיהם של היהודים. לאחר שמרוששים את היהודים, גם מנשלים אותם מעמדותיהם ומאפשרים להם לעבוד אך ורק במקצועות ירודים — "בחומר ובלבנים ובכל עבודה קשה". היהודי הופך לאזרח ממדרגה שניה ושלישית, ומכאן מוליכה הדרך עד לפגיעה בחייו.

תהליך זה החל במצרים — בראשית צעדינו ממשפחה לעם. אך יצאנו מן ה"חיתולים" המשפחתיים ועשינו צעדים ראשונים של עם עצמאי — "יעקב ובניו" ההלו נעשים "בני ישראל" — וכבר פקדה אותנו התופעה של שנאת-ישראל. כדברי ימי עם-ישראל, כך דברי ימי שנאת-ישראל. לשנאה זאת לא צריך השונא סיבות אמיתיות. לשנאה זו אין גורמים רציניים. היא אינה צומחת על רקע מסויים. יוצרי השנאה, נושאיה ומטיפיה, כבר יודעים לבסס אידיאולוגיה-רעיונית לדיכוי היהודים, רדיפתם, הפיכתם לעבדי-מס ולמועמדים לכל פגיעה אחרת.

"כל הבן הילוד — היאורה תשלי־כוהו, וכל הבת — תחיון". הרבי מליובאביטש רואה כאן תופעה סמ־לית והוא מסביר: היאור הוא סמל הכלכלה של מצרים — "יאור עולה ומשקה את כל ארץ מצרים". בארץ זו, שבה אין גשם, מתקיימת החקל־אות כולה על היאור. בזכותו יש אוכל למצרים. גוזר פרעה: "כל הבן הילוד — היאורה תשליכוהו" — את הבנים יש להטיל לזרם המים הכלכליים, לתוך עולם השפע והכלכלה. יום ולי־לה יהיו עסוקים בפרנסה. הם ישחו לאורך היאור ולרוחבו, עם הזרם ונגד הזרם, ובלבד שיעשו רווחים כלכליים. "ואת כל הבת — תחיון" — בקרב הבנות יחדירו אווירה של חיים קלים, צרכניים, בזבזניים. להחיות אותן עד לשלב הגבוה ביותר של סולם אור־חות־החיים; להגביר את דרישותיהן ואת צרכיהן. כך, במתח כזה, בין גב־רים השקועים במ"ט שערי פרנסה ובין נשים הטובלות במ"ט שערי בזבוז וחיים־של־צריכה — יבוא ממי־לא הקץ על עם ישראל.

העמוד הראשון של פירוש הרלב"ג לספר "שמות". וינציה, המאה ה־16

עתיקה היא גם התגובה היהודית לגלי הרדיפות והמשטמה: "כאשר יענו אותו — כן ירבה וכן יפרוץ". הרדיפות מחשלות את היהודים. דווקא הן מגבירות את תאוות-החיים של היהודי ומחדדות את כשרונותיו לעבר הישגים מעוררי השתוממות. שונאי ישראל אומרים: "פן ירבה". התגובה האינסטינקטיבית של בני ישראל משיבה: "כן ירבה".

כשקוראים אנו על ראשית השיעבוד המצרי, על הגלות הראשונה בהיסטוריה של עמנו — דומים בעינינו הדברים כאילו עסקו במאורעות ובתופעות בני-ימינו. דבר לא השתנה. כל דור ודור וה"פרעה" שלו, כל דור ודור וה"הבה נתחכמה לו" שלו. כפיות-טובה מוחלטת כלפי ה"יוסף" שהציל את העם מרעב, בגידה בהבטחות החגיגיות שניתנו לבני-ישראל. "פרעה" קורא לעמו: "הכו ביהודים!" — וגל הרדיפות עולה וגואה מיום ליום עד שהוא מטביע את היהודים בנחלי-נהרי דם ודמעות.

השנאה אינה מצטמצמת בפגיעות וברדיפות — מבחוץ. השלטון העויין מנסה לפורר את העם גם מבפנים — באמצעות "משתפי פעולה", חסרי מוסר ומצפון. הנה רואים אנו בפרשה שלפנינו כיצד מעז מלך מצרים לפנות אל המיילדות העבריות והוא מציע להן לעשות מעשה נורא: "בילדכן את העבריות וראיתן על האובניים, אם בן הוא — והמיתן אותו; ואם בת היא — וחיה".

פרעה מקווה, כי שפרה ופועה, שתי המיילדות העבריות, תיתנה לו יד ותבצענה את הפשעים שהוא דורש מהן לבצע. וכך רוצה הוא להשיג שני דברים: להמית את הבנים הזכרים הנולדים לאמהות העבריות; וגם שההמתה תיעשה בידי מיילדות עבריות. הבנים — ימותו, ואילו ידי המצרים תשארנה נקיות.

אפשר גם שפרעה אינו זוכה, בשלב זה, לשיתוף-פעולה נלהב ומלא מצד עמו-הוא. אולי יש מצרים שעודם נרתעים מהריגת ילדי יהודים, אבל הדרך לפגוע בבני-ישראל אצה לפרעה והוא מנסה לעשות זאת מבפנים. פרעה יודע כי ברגע שימצא שתי נשים עבריות חלשות-אופי שתתפתנה להצעותיו ותבצענה את תוכניתו, גם אם לא ימיתו את כל הילדים, אלא רק את הזכרים, כבר עירער בכך את יסודות הקיום של בני-ישראל. הנסיונות להרוס את הפוטנציאל המוסרי הפנימי של היהודים חשוב לו מאוד מאוד. הוא מתכוון לחסל את בני-ישראל ללא קשיים וללא הסתבכויות. עם שיש בתוכו בוגדים, עם שאנשי "קאפו" ומשתפי-פעולה בתוכו — יתחסל מתוך עצמו.

זאת ידע פרעה ועל נסיון זה חזרו וחוזרים אויבי ישראל בכל הדורות. אלא שעל-פי-רוב התנפצו תוכניות שטניות-מרושעות אלה אל סלעי החוסן המוסרי של בני ובנות ישראל: "ותיראנה המיילדות את האלהים ולא עשו כאשר דבר אליהן מלך מצרים, ותחיינה את הילדים". שפרה ופועה, לא רק דוחות בשתי ידיים את ההצעה השפלה, אלא מצפונן נוקף אותן — מדוע בכלל אפשר היה להעלות בפניהן הצעה

חסיד ותיק של הצדיק רבי דוד משה מצ'ורטקוב, בא לפני רבו כשהוא לבוש מעיל קצר וחבוש מגבעת מודרנית שלא כמנהג חסידים. נעץ בו הרבי מבט חריף ושאל: "מדוע שינית את מלבושיך ?" התנצל החסיד: "עברתי לגור באחת הערים הגדולות של מערב-אירופה וכאן, בין הגויים, שאינם אוהבים יהודים, מאוד־מאוד קשה להתהלך עם לבוש חסידי מסורתי". שקע הצדיק במחשבות ולבסוף אמר לחסיד: "נו, ועכשיו לאחר ששינית את תלבושתך ואתה לובש כאחד מהם — הגויים כבר אוהבים אותך ?"

מגונה כזאת? כתגובה על כך לא רק שאינן ממיתות את הילדים, אלא "ותחיינה את הילדים". הן דואגות להחיותם על-ידי מזון, חלב וטיפול מיוחד.

פרעה, שניסה לבצע את תעלוליו באלגנטיות, בלי ללכלך את ידיו בגלוי בדם היהודים, מסיר לבסוף את המסווה מעל פניו. באה הפקודה: "כל הבן הילוד — היאורה תשליכוהו, וכל הבת — תחיון". הפעם הפקודה היא "לכל עמו".

פרעה אינו מצווה להשמיד את היהודים בבת-אחת. עוד יש בתוכם כוח-עבודה שאפשר לנצלו בעבודת-כפיה. עוד יש עמו תוכניות לנצל את בנות ישראל לסיפוק תאוות ותועבות מצרים. הגזרה היא רק על הילדים הרכים. לא יהיו בנים ליהודים וממילא יומת עתידו של העם, הוא ילך ויתנוון.

אלפי שנים לאחר-מכן חזר על תוכנית זו הצאר הרוסי. ברחבי רוסיה נגזרה גזרת ה"חטופים". ילדים יהודים רכים נחטפו מבתי הוריהם והוכרחו לשרת בצבא-כפיה, במשך עשרים וחמש שנים רצופות. הילדים ה"חטופים" עונו קשות ורק מעטים מהם נשארו בחיים.

פרעה שקוע ב"הבה נתחכמה". מוחו קודח מן המאמצים בחיפוש אחר תוכניות כיצד לפגוע בבני-ישראל. אבל "יושב בשמים ישחק". דווקא בתוך בית פרעה גדל מושיעם של ישראל. ומי הציל אותו מן היאור, אם לא בת פרעה?

השתלשלות הדברים מבקשת שימת-לב: האב — מתכנן השמדה; האב מצווה להשליך כל ילד יהודי ליאור. ואילו הבת — מצילה ילד יהודי מן היאור והיא דואגת לו למינקת. בת-פרעה ידעה כי הילד שמצאה בתיבה הקטנה ששטה לה דומם על היאור, הוא מאותם הילדים אשר אביה המלך ציווה להשליך אל היאור: "ותפתח ותראהו את הילד והנה נער בוכה, ותחמול עליו ותאמר מילדי העברים זה". בכל-זאת, היא דואגת לילד הבוכה והיא שולחת להזמין לו מינקת מן הנשים העבריות. היא קוראת לו בשם — משה, "כי מן המים משיתיהו", וכל ימיו נושא הילד את השם הזה. כמו להדגיש את המעשה-הטוב של המצריה — בת פרעה — שמשתה אותו מן היאור, אשר אביה עשה אותו ליאור-של-מוות בשביל הילדים העבריים. האם אין סיפור זה מלמדנו, כי גם בביתו של הגרוע ביותר, של האוייב הגדול ביותר, יכולה להימצא בת יפת-נפש, שכולה אהבה ורחמים, אפילו כלפי אותם ילדים שאביה גזר עליהם כליה?

ואולי אין בת-פרעה פועלת רק מתוך תמימות וטוב-לב בכל התנהגותה עם הילד העברי שמשתה מן היאור. אולי יש כאן גילוי מובהק של מרד-צעירים, של זעם דור-הבנים אשר אינו רוצה ואינו מוכן להשלים עם השנאות המטורפות של האבות. ייתכן שהילד העברי, שהיא לקחה תחת חסותה, מהווה לגבי בת-פרעה סמל ודגל. היא מכריזה בכך: דעו, אני נגד מעשי הטרוף והשנאה של אבי, אני מוכנה לגדל ילד עברי. בתוך האופל של גזירות פרעה — אסור להתעלם מנקודת-אור זו. גם היא, יש בה לקח לימינו.

LES
JUIFS D'ALSACE
DOIVENT-ILS ÊTRE ADMIS AU DROIT DE CITOYENS ACTIFS?
LISEZ ET JUGEZ.
Prix 3 Livres.
1790.

חוברת צרפתית בשאלה "האם להעניק זכויות ליהודי אלזס"

אושביץ. מתוך "ספר בלי שם"

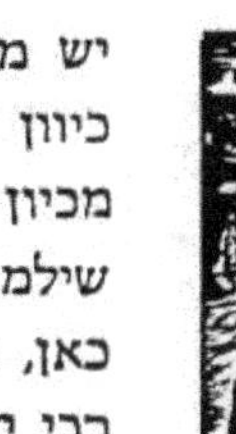

יש מן הפרשנים המסבירים, כי הקדוש-ברוך-הוא, מסבב כל הסיבות, כיוון את הדברים כך שמשה יגדל בארמון מלכים — ארמון פרעה — מכיון שעתיד הוא להנהיג את ישראל. אמרה ההשגחה העליונה: טוב שילמד גינוני-מלכות ונוהלי-שררה וידע להשתמש בהם בבוא היום. כאן, בבית פרעה, קיבל משה שיעור ראשון בנוהלי וסדרי הנהגה.
רבי יצחק-יעקב ריינס, שהיה מן הרבנים המעטים שתמכו בהרצל, מציין כברכה מן השמיים את העובדה, שד״ר תיאודור הרצל לא מתחום המושב היהודי יצא, אלא "מבחוץ", ואף כיהן במשך שנים רבות כסופר-פרלמנטרי בהיכלי-בורבון בפאריס, ושם למד היטב-היטב את כל סדרי הפרלמנטריזם וגינוני הממלכתיות שאותם הנהיג, לאחר מכן, כשעמד בראש הקונגרסים הציוניים הראשונים. אין זה מקרה, מדגיש הרב ריינס, שמושיעם של ישראל גדל לפעמים בחצרות נכר.

❦

"וַיִּגְדַּל מֹשֶׁה וַיֵּצֵא אֶל אֶחָיו וַיַּרְא בְּסִבְלֹתָם, וַיַּרְא אִישׁ מִצְרִי מַכֶּה אִישׁ עִבְרִי מֵאֶחָיו. וַיִּפֶן כֹּה וָכֹה וַיַּרְא כִּי אֵין אִישׁ, וַיַּךְ אֶת הַמִּצְרִי וַיִּטְמְנֵהוּ בַּחוֹל".

מושיעם של ישראל לא נבחר במקרה. לפני שהוטלה עליו שליחות הגאולה, הוכיח את עצמו. משה גדל בבית פרעה, ניתנו לו כל האפשרויות להתבולל, להינצל מן השיעבוד והסבל של אחיו, ואילו הוא — "ויצא אל אחיו" ומזדהה עם הגורל היהודי. אינו עומד מרחוק, אינו מתעלם. וכאשר הוא רואה איש מצרי מכה איש עברי — "מאחיו" — מיד פורצים ועולים מתוכו רגשות האחווה-היהודית. הוא ממהר להתייצב לצד העברי המוכה, מכה את המצרי עד מוות, וטומן אותו בחול. הוא בוודאי מסתכן בכך, מסתבך קשות, אבל לנוכח איש עברי מוכה, אין לפניו שום שיקולים של זהירות, של חשבון. הוא פועל בדרך מהירה והחלטית. העברי המוכה בידי המצרי, אין בו כוח להתנגד למכהו-מענהו. הוא עבד מדוכא ומושפל. אבל בן-טיפוחיה של בת-פרעה מפעיל את אגרופיו נגד איש המכה יהודים, ומכריע אותו.
האם מותר לומר, כי באותו רגע, בו פעל משה כפי שפעל, נקבע שהוא יהיה מושיעם של ישראל מידי המצרים? אכן, הנה האיש!

"וַיֵּצֵא בַּיּוֹם הַשֵּׁנִי, וְהִנֵּה שְׁנֵי אֲנָשִׁים עִבְרִים נִצִּים. וַיֹּאמֶר לָרָשָׁע: לָמָּה תַכֶּה רֵעֶךָ? וַיֹּאמֶר: מִי שָׂמְךָ לְאִישׁ שַׂר וְשֹׁפֵט עָלֵינוּ, הַלְהָרְגֵנִי אַתָּה אֹמֵר כַּאֲשֶׁר הָרַגְתָּ אֶת הַמִּצְרִי? וַיִּירָא מֹשֶׁה וַיֹּאמַר: אָכֵן נוֹדַע הַדָּבָר!"

"נודע הדבר" שמשה הרג מצרי, ועתה יבואו להרגו, כפי שאכן היה: "וישמע פרעה את הדבר הזה ויבקש להרוג את משה" — זה פשוטו של מקרא. ואפשר גם לאמר: "נודע הדבר" — רק עכשיו התברר למשה למה בני-ישראל כה סובלים בגלות וכיצד הצליחו המצרים לשעבדם. אם יש ביניהם מריבות, עד כדי כך שאיש עברי מכה את רעהו, שני עברים ניצים, ולאחר מכן יהודי מלשין ומגלה שמשה הרג מצרי —

אושביץ. מתוך "ספר בלי שם"

אם זוהי ההתנהגות בקרב בני-ישראל, אין עוד פלא שהם נתונים בשיעבוד ובגלות. "אכן, נודע הדבר".

"וְהִנֵּה הַסְּנֶה בֹּעֵר בָּאֵשׁ – וְהַסְּנֶה אֵינֶנּוּ אֻכָּל".

מראה זה נשאר עד היום הסמל המוחשי והמובהק ביותר של הקיום היהודי. בשבעים ושבע מדורות שרפו ושורפים את היהודי, והוא חי וקיים. לכל אורך ההיסטוריה עובר היהודי טבילת-אש והוא מתחסן והולך. הסנה בוער, אבל אינו נשרף, לא אוכל.

"שֶׁבְּכָל דּוֹר וָדוֹר עוֹמְדִים עָלֵינוּ לְכַלּוֹתֵנוּ".

מלים אלו הן אצלנו שיר-צוהל. בליל ה"סדר" אנו שרים אותן בהתלהבות ושמחה: "אלא, שבכל דור ודור עומדים עלינו לכלותנו". לשמחה מה זו עושה? מה יש כאן לצהול, לשמוח, לשיר? ואכן, אם יהודים שרים וצוהלים, בוודאי יש מקום לצהלה, לשירה — עם שצריך לעמוד עליו מחדש בכל דור ודור כדי לכלותו, סימן שהוא עם נצחי, שאין כלל אפשרות להשמידו ולכלותו. אדרבה, אם נבחן את ההיסטוריה אלפי שנים אחורה יתברר לנו, כי המשמידים שקמו עליו, על עם ישראל, להאבידו, כבר אבדו מכבר ולרבים מהם אין אפילו זכר, ואילו עם ישראל חי וקיים. היכן הם עתה המצרים של פרעה? הבבלים של נבוכדנצר? הרומאים של טיטוס? היוונים של אנטיוכוס? הצלבנים? האינקביזיטורים של ספרד? הקוזקים של חמלניצקי? ההיטלריסטים? ואילו "הסנה" — לא אוכל.

משה מתחמק מן השליחות שאלהים מטיל עליו: "מי אנוכי כי אלך אל פרעה?". הוא טוען: "לא איש דברים אנוכי, גם מתמול, גם משלשום — — — כבד פה וכבד לשון אנוכי". ובכל זאת, נבחר הוא. אולי דווקא מפני שאין הוא דברן, אלא כבד-פה וכבד-לשון — לכן נבחר. הא למדת מכאן: מנהיג הבא לעסוק בגאולת ישראל, אולי מוטב שלא יהיה דברן גדול, מאריך בדרשות ובנאומים ושוכח את העיקר. דווקא מפני שמשה אינו איש-דברים, הוא ישמיע באזני פרעה את המלים הקצרות והברורות: "שלח את עמי". איש-דברים, נואם-להמונים, מומחה לצחצוח-לשון ולהידורי-מליצה — עלול להטביע את עיקר תביעתו בים של מלים, בדברת שאין לה סוף. לימדה אותנו תורה — את ישראל מן הגלות לא יוציאו הדברנים. רק מנהיג שאינו **איש-דברים — הוא יהיה המושיע.**

עבודת פרך של בני־ישראל במצרים.
תבליט מצרי

וארא

״וַיְדַבֵּר אֱלֹהִים אֶל מֹשֶׁה, וַיֹּאמֶר אֵלָיו: אֲנִי ה׳. וָאֵרָא אֶל אַבְרָהָם אֶל יִצְחָק וְאֶל יַעֲקֹב בְּאֵל שַׁדָּי, וּשְׁמִי ה׳ לֹא נוֹדַעְתִּי לָהֶם. --- לָכֵן אֱמֹר לִבְנֵי יִשְׂרָאֵל אֲנִי ה׳ וְהוֹצֵאתִי אֶתְכֶם מִתַּחַת סִבְלֹת מִצְרַיִם, וְהִצַּלְתִּי אֶתְכֶם מֵעֲבֹדָתָם, וְגָאַלְתִּי אֶתְכֶם בִּזְרוֹעַ נְטוּיָה וּבִשְׁפָטִים גְּדֹלִים. וְלָקַחְתִּי אֶתְכֶם לִי לְעָם --- וִידַעְתֶּם כִּי אֲנִי ה׳ אֱלֹהֵיכֶם״.

יש כאן, בפסוקים אלה, ״ארבע לשונות״ — ארבע מלים — של גאולה: א) ״והוצאתי״; ב) ״והצלתי״; ג) ״וגאלתי״; ד) ״ולקחתי״ (כנגדן שותים בליל ה״סדר״ ארבע כוסות יין). אם נעיין במלים הללו, יתברר לנו כי אין אלו מלים חופפות או זהות, וכי לכל אחת מלשונות הגאולה הללו יש משמעות משלה.

״והוצאתי״ — יש שהיציאה מן השיעבוד, מן הסבל, מעבודת-הפרך, היא לגביהם רק ענין של הוצאה. הם חשים, כי יצאו מהמצב הקשה, בו היו נתונים, אל מצב קל יותר; חדלו המכות, פסקו הכאבים, נסתיימו היסורים. הללו דומים, לעתים, לאדם שהיו מתעללים בו קשות ובמשך ימים רבים, עד שנתעמעמה עליו דעתו. ברגע שהפסיקו לענותו, אכן חש הוא, כי לא מכים אותו עוד, לא מכאיבים, אך אין הוא מסוגל להבין מה בדיוק אירע לו. הוא מבין אך זאת, כי יצא מן הסבל — ״והוצאתי״.

״והצלתי״ — יש שמבינים, כי מה שאירע להם הוא יותר מאשר הוצאה מן הסבל והעינויים. הם מבינים היטב את הסכנה שהיו נתונים בה. ועתה, משחלפה סכנה זו, ברור להם כי היתה כאן הצלה. הם ניצלו מסכנות נוראות — ״והצלתי״.

״וגאלתי״ — יש גם המבינים כי הצלתם מן הגלות — סבלה, יסוריה, סכנותיה, שפלותה וניוונה — אינם סתם הצלה, אלא יש בה מיסוד הגאולה. הם חשים, כי לא רק ניצלו, אלא נגאלו. תהליך של גאולה, המביא את האדם למעמד שונה לגמרי מזה שהיה נתון בו עד כה — למעמד מרומם ועילאי. אף יותר נעלה מאשר היה בטרם פגעו בו הצרות — ״וגאלתי״.

״ולקחתי״ — ויש המבינים והמאמינים כי היציאה מן הגלות, ההצלה מסכנותיה, הגאולה שבאה עליהם — אינן אלא על-מנת לקרבם אל בורא-העולם, יוצרם-גואלם, עד שיהיו לעם-נבחר, עם-סגולה — ״ולקחתי אתכם לי לעם״.

ארבע לשונות-הגאולה היו תקפות לא רק בעת יציאת מצרים. אם נתבונן נראה שחוזרות הן גם בימינו. כאשר החלו מוראות ונוראות השואה וסאה גדושה של סבל ויסורים ירדה על יהודי אירופה, שנדרסו תחת מגפי משעבדיהם, עלה בידי יהודים רבים לצאת מארצות הסבל. הם עברו לארצות שהיו מחוץ לשלטון הנאצי, ובכך הוציאו עצמם מן היסורים. נדמה היה להם, כי די לצאת מגבולות שלטונו של האשמדאי הנאצי, ובכך יבוא קץ לצרות. אלה הם יהודי ״והוצאתי״.

אחרת נהגו יהודים של ״והצלתי״. הללו הבינו שלא די לצאת מגרמניה לאחת הארצות הקרובות — בלגיה, הולנד, צרפת, אלא יש להתרחק

״ולא שמעו אל משה מקוצר-רוח ומעבודה קשה״ — לא תמיד אין שומעים דברים מפני עבודה קשה. לעתים קרובות בא הדבר דווקא מתוך — קוצר-רוח.

יש ופונים לאדם ומציעים לו להשתתף בשיעור, לבוא להרצאה, להשתלב בחוג-לימוד, לקרוא ספר. הוא מתחמק בנימוק שהוא עסוק מדי, עובד קשה מדי, זמנו מצומצם. אבל לעתים קרובות הסיבה היא אחרת לגמרי. אין היא נעוצה ב״עבודה קשה״, אלא בעיקר ב״קוצר רוח״. החלק הרוחני של אדם זה ״קצר״ מאד, קטן מאד, צר מאד ומבוטל מאד. ואם כך, מה לנו כי נלין עליו? אם ״רוח אין בהם״, נשאר לא יותר מאשר גוף בלה ו״עצמות יבשות״.

ואף גם זאת: גאולה, יציאה-מן-הגלות, מתעכבים לא רק מפני ״העבודה הקשה״, אלא בעיקר בשל ״קוצר הרוח״. לא התנאים האובייקטיביים מונעים גאולת-העם, אלא חוסר האמונה ביכולתו להיגאל, ובעיקר חוסר התחושה בצורך להיגאל.

ממנה במהירות רבה. הם הרחיקו להגר לדרום-אמריקה, לצפון-אמריקה, לקנדה, לדרום-אפריקה, לאוסטרליה ולניו-זילנד. הם הבינו הבנה עמוקה את הסכנה שהם נתונים בה, לכן ברחו-נסו הרחק-הרחק, כדי להינצל. אלה הם יהודי "והצלתי".

ליהודי "וגאלתי" ברור היה, כי ממעמקי הבכא של השיעבוד מוכרחה להוליך הדרך רק לארץ-הגאולה, ארץ-ישראל. הללו לא הסתפקו בסתם ארצות-הגירה מרוחקות מארצות-ההריגה. הם התדפקו בעוז על שערי המולדת. מול אימת-השואה — הפעים אותם חזון-הגאולה. הם לא הסתפקו ב"הצלה" ובוודאי לא ב"הוצאה". להם היה ברור, כי לא די לברוח מהנאצים, להינצל מהם. השואה חייבת להוליך אל תקומת-ישראל, גאולת-ישראל — "וגאלתי".

ומעטים הם אלה, אבל הם מצויים, אשר מבינים, כי לאחר השואה, ולאחר הקמת המדינה, חייב עם-ישראל להיות שונה בכל מהותו מכפי שהיה עד לשני מאורעות גורליים אלה. הם מבינים, כי המאורעות שעברו על העם הם רק שלבים בתהליכים המיסטיים והנצחיים של "ולקחתי אתכם לי לעם", של "והייתם לי סגולה מכל העמים".

ארבע לשונות הגאולה הן מטבעות-לשון שעודם תקפים ועומדים. ומאז ימי יציאת-מצרים ועד לימינו, מתחלקים בני ישראל לפי ארבע לשונות אלה.

"וַיֹּאמֶר ה' אֶל מֹשֶׁה וְאֶל אַהֲרֹן לֵאמֹר: כִּי יְדַבֵּר אֲלֵכֶם פַּרְעֹה לֵאמֹר תְּנוּ לָכֶם מוֹפֵת, וְאָמַרְתָּ אֶל אַהֲרֹן קַח אֶת מַטְּךָ וְהַשְׁלֵךְ לִפְנֵי פַרְעֹה יְהִי לְתַנִּין".

מה משמעותו של המעשה הזה? מה הוא בא לסמל, להגיד, להראות לפרעה?

המטה סמל הכוח הוא, סמל השלטון. כל עוד מחזיק השליט את הכוח בידו, הוא שולט בכוחו ואינו נשלט על-ידי הכוח — הרי הוא שליט. אך ברגע שהוא משחרר את הכוח מידו — משליך את המטה ארצה — הופך מיד הכוח לתנין, או לנחש ארסי מתפתל, המסכן אף את השליט עצמו. מסביר משה לפרעה: הכוח בידך לשחרר את בני-ישראל. והיה, אם תוותר על כוח זה — תשליך אותו ארצה — והיה הכוח לתנין. משה מבהיר לו, כי רק מנהיג שיש בידו הכוח לשחרר את אלה המשועבדים לו, לקרוא דרור למדוכאים, להסיר כבלים מידי העבדים — הוא מנהיג שהשלטון בידו, המטה בידו, לבו בידו ולא הוא ביד לבו. לא כן המנהיג שמטהו זרוק על הארץ, שכוח שלטונו הפך להיות לתנין-נחש כלפי אחרים — הלה סופו שהתנין-הנחש יפנה גם כלפיו ויסכן את בעליו.

רבי יצחק מאיר, בעל "חידושי הרי"ם", ראשה ומייסדה של חסידות גור בפולין, נוהג היה לשנן לתלמידיו: "הדבר החמור ביותר בגלות מצרים היה בכך שבני-ישראל החלו להתרגל לסבל. הסתפקו בזעקות-כאב ולא עשו דבר כדי להינאל מן הגלות, אבל ה' גוזר על אדם, או על אומה, גלות כדי לחדד בהם את השאיפה לגאו-לה". רבי נפתלי מרופשיץ היה מספר על חייל רוסי שהציל את הצאר, כאשר זה בא לבקר בקווי החזית ולפתע החלו יריות מעברו השני של הקו. הצאר פנה לחייל, הודה לו על שהצילו ושאל אותו אם יש לו איזו בקשה והוא ישמח למלא אותה. החייל היר-הר קצת ואמר: "אם אכן מצאתי חן בעיני אדוני, אנא יחליפו את הקצין של היחידה שאני משרת בה, כי הקצין המפקד עליה עתה מתאכזר אל פקו-דיו". צחק הצאר ואמר לחייל: "אי, שוטה שכמוך, מדוע אינך מבקש כי אתה עצמך תתמנה להיות קצין?" וסיים הצדיק מרופשיץ: "חייל זה נמנה עם אנשי 'והוצאתי' אשר לדרגת 'וגאלתי' אין הם מסוגלים כלל להגיע".

מכת דם. מתוך הגדת טריאסטה

מכת צפרדע. מתוך הגדת טריאסטה

מכת כינים. מתוך הגדת טריאסטה

מכת ערוב. מתוך הגדת טריאסטה

מכת דבר. מתוך הגדת טריאסטה

"וַיֹּאמֶר ה' אֶל מֹשֶׁה, אֱמֹר אֶל אַהֲרֹן: קַח מַטְּךָ וּנְטֵה יָדְךָ עַל מֵימֵי מִצְרַיִם --- וְהָיָה דָם --- וַיַּעֲשׂוּ כֵן --- וַיָּרֶם בַּמַּטֶּה וַיַּךְ אֶת הַמַּיִם אֲשֶׁר בַּיְאֹר --- וַיֵּהָפְכוּ כָּל הַמַּיִם אֲשֶׁר בַּיְאֹר לְדָם".

אהרון מכה את היאור ולא משה. כך במכת דם, כך במת צפרדע. גם כאשר צריך להכות את אדמת מצרים כדי להביא מכת כינים, מכה אהרון את העפר, ולא משה. מדוע?

מסבירים חז"ל: לימדה אותנו תורה מידת דרך-ארץ, שלעולם אל יהיה אדם כפוי-טובה כלפי מיטיבו. היאור הגן על משה כאשר אמו הניחה אותו שם בתיבת-גומא קטנה. לכן אסור לו למשה להרים את מטהו על היאור ולהכותו. ואילו החול של אדמת מצרים כיסה את המצרי שהרג משה — "ויטמנהו בחול". משום כך אל לו למשה להרים מטהו כדי להכות את עפר מצרים.

ואם כלפי יאור ועפר כך — כלפי אדם על אחת כמה וכמה. בתלמוד למדנו: "בירא דשתית מניה מיא — אל תשדי בית קלא" — בור ששתית ממנו מים, אל תשליך לתוכו אבן.

המכה הראשונה שמביא הקדוש-ברוך-הוא על המצרים במצרים — היא מכת דם. יש כאן יותר מאשר עונש, יותר מאשר גרימת סבל וטירדה לעם המצרי. הדם הוא סמל למצרים כולה, ולכל מצרי ומצרי בנפרד. מכת-הדם באה לומר למצרים: חייכם מוצפים דם, לחמכם נילוש בדם, המשקאות אשר אתם שותים מהולים בדם. כך נראה עם אשר משעבד את המיעוט שבתוכו ומנצל אותו לעבודת-פרך. יידע כל מי שמעביד ומשעבד את זולתו, כי בכל פרוסה שהוא לועס מובלע דמו של המשועבד ובכל לגימה שהוא לוגם מעורב דם. הוא אוכל והוא שותה ללא-הרף את דמו של המנוצל, של המשועבד.

ולא רק במצרים וכלפי מצרים אמורים הדברים. כאשר דיבר רבי לוי יצחק מברדיטשוב על הגויים אשר מעלילים, כי היהודים מערבבים דם של ילדים נוצרים במצות — עלילות-הדם שגרמו צרות-צרורות לקהילות-ישראל והתהפכו מעל לראשי היהודים כלהט החרב — אמר אותו צדיק: צרה זו לא באה עלינו, אלא בגלל הדם של ילדים יהודים המובלע במצות שלנו. כי לא דם של ילדים נוצרים מעורב במצות, אלא של ילדים יהודים. אותו דם של הילדים היתומים המועסקים תוך ניצול וקיפוח במאפיות-המצות, בעבודות הלישה והרדידה המפרכות.

והיה אומר פרופ' רבי אברהם-יהושע השל מניו-יורק: מכבד אני מאד את אותם יהודים שנזהרים שלא ליהנות מביצה שיש בה טיפה של דם, אבל הייתי עוד יותר מכבד אותם לו ידעתי שהם נזהרים גם מכל דולאר שמובלעת בו טיפת דם של אדם מנוצל, משועבד, או מופלה לרעה.

ובשלהי שנות-השואה כתב המשורר נתן אלתרמן ב"טור השביעי":

עֵת שִׁמְשׁוֹ שֶׁל יוֹם־דִּין יִתְלַקַּח בַּשָּׁמַיִם
תִּמָּלֵא כָּל גֶּרְמַנְיָה
שִׁקְשׁוּק שֶׁל מַיִם.
יַעַן אֶלֶף אַלְפֵי מְרַצְּחִים, מוּל אֵידָם,
יֵחָפְזוּ לִרְחֹץ כַּפֵּיהֶם מִן הַדָּם.

יִשְׁטְפוּ, וִימָרְקוּ וִישַׁפְשְׁפוּ גַּם יַחַד,
אֶת כַּפּוֹת יְדֵיהֶם הַקָּרוֹת מִפַּחַד.

וְהָאָב וְהָאֵם מִן הַכַּד הַמְּרַטִּיט
יִצְקוּ מַיִם מַיִם זַכִּים עַל יְדֵי הַבַּנְדִּיט,
וְהַמַּיִם יִטְפוּ תַּמִּים וּוְרֻדִּים,
לְזִכְרוֹן אִמָּהוֹת וְאָבוֹת וִילָדִים,
וְכָזֹאת בְּכָל בַּיִת – מֵרֵק וְצַחְצֵחַ! –
כִּי אֵי בַּיִת
שֶׁאֵין בּוֹ רוֹצֵחַ?
– – – – – – – – – –
– – – – – – – – – –
וְגַם אֵלֶּה יָרִיצוּ כַּדִּים וּדְלָיִים – –
אַךְ הֲרֵי לְכֻלָּם לֹא יַסְפִּיקוּ הַמַּיִם.

ומכת הצפרדעים למה באה על המצרים?
המצרים חששו מההתרבות המהירה של בני-ישראל. הם אמרו: "הנה עם בני ישראל רב ועצום ממנו, הבה נתחכמה לו פן ירבה". מה עשה הקדוש-ברוך-הוא? הביא עליהם את הצפרדעים — "ותעל הצפרדע ותכס את ארץ מצרים". הראה להם הקדוש-ברוך-הוא למצרים: אתם כה מפחדים מבני-ישראל החודרים לכל פינות החיים שלכם, אינכם סובלים אותם, הם משוקצים ומאוסים בעיניכם. הנה אנוכי מביא עליכם את מכת הצפרדעים "ושרץ היאור צפרדעים, ועלו ובאו בביתך ובחדר משכבך ועל מיטתך ובבית עבדיך ובעמיך ובתנוריך ובמשארותיך". לא רציתם באנשים כמוכם, חרדתם מפני חדירתם לתחומי חייכם, לכן אתם מדכאים אותם בגזרות אכזריות. הרי לכם הצפרדעים שלא תמצאו לכם מפלט מהם ויחדרו לפני ולפנים של חייכם. אתם, המצרים, פחדתם מה"פן ירבה" של בני-ישראל, עכשיו תעמדו בפני הפריה והרביה של ה... צפרדעים.
וחמורה עוד יותר, וחודרת עוד יותר לכל פינה היא המכה השלישית — מכת הכינים. גם היא אולי תגובה לחששות ההתרבות שהעלו המצרים כלפי בני-ישראל. אומר הקדוש-ברוך-הוא למצרים: אם אכן ארצה להביא עליכם אוייב מתרבה, פוגע ומטריד — כלום מוכרחים להיות אלה בני-ישראל? ועד שאתם מנסים להתגבר על התרבותם של בני-ישראל, מוטב שיעסיקו אתכם רוב הצפרדעים והכינים.

מכת שחין. מתוך הגדת טריאסטה

מכת ברד. מתוך הגדת טריאסטה

מכת ארבה. מתוך הגדת טריאסטה

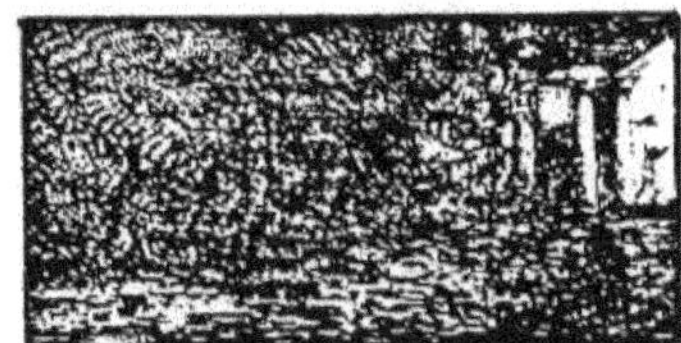
מכת חושך. מתוך הגדת טריאסטה

מכת בכורות. מתוך הגדת טריאסטה

מכות דם, צפרדע וכינים, היו בעיקר מכות טורדניות. הן גרמו קשיים למצרים, הן הציקו להם. הן היו מעין תגובה ישירה למצוקה שהמצרים הביאו על בני-ישראל. אך לאחר שגילה פרעה עקשנות בהתנגדותו לקריאתו של משה — "שלח את עמי!" — ובמקום לשחרר את העם, הוא הנחית עליו גזירות קשות, כמו אותה גזירה שלא לתת עוד תבן לעם ואילו את מספר-כמות הלבנים על עובדי-הכפיה להוסיף ולספק, למרות שלא ניתן להם תבן, וכאשר חסרו לבנים להשלמת הבנייה שוקעו בקירות ילדי ישראל במקום לבנים (כפי שמספר המדרש) — לא היה עוד די במכות טורדניות בלבד. עתה באו על המצרים מכות אחרות: ערוב, דבר, שחין, ברד — מכות מכאיבות ואף ממיתות. המצרים מכים ("ויוכו שוטרי בני ישראל"); המצרים מכאיבים; המצרים הורגים — בא ערוב-של-חיות, הנושכות, פוצעות וממיתות אותם; בא הדבר ומגיפתו האיומה פוגעת באדם ובבהמה; פורח השחין בבשר ומן השמים ניתך הברד.

לו רצו בכך, יכלו המצרים להבחין היטב בגורם-הענישה של מידה-כנגד-מידה, הנתגלה במכות הבאות עליהם.

"וְהִפְלֵיתִי בַיּוֹם הַהוּא אֶת אֶרֶץ גֹּשֶׁן אֲשֶׁר עַמִּי עֹמֵד עָלֶיהָ".

אפליה-לטובה של בני-ישראל. גם זו מידה-כנגד-מידה — בני-ישראל מופלים לרעה. די בכך שאדם נולד יהודי וכבר יש גויים הרואים אותו נחות מאשר כל אדם אחר. כך היה גם במצרים. לכאורה הרי היו בה בני-ישראל — מאז ימי יוסף — אזרחים שווים לחובות, עד שלפתע הוכרזו "זרים" והפכו אותם לעבדי-חינם לעם השליט. **עתה,** לנוכח המכות, בולטת היטב האפליה-לטובה כלפי בני-ישראל — אין המכות פוגעות בהם, והכל רואים כי אלה אשר נועדו לכל פגיעה, לכל מכה, נעשו לבלתי פגיעים.

ומכאן רמז למי שחושש מן ה"אתה בחרתנו מכל העמים" שיהודים דוגלים בו. באמת אין לראות בכך התנשאות על אחרים, ובוודאי לא שאיפה להיות גזע-עליון, לעומת כל שאר בני-האדם. אם העמים בחרו בנו להיות נרדפים ושנואים; אם הם מנסים להשפיל את מעמדנו בתוך חברת העמים — הרי בהחלט מותר לנו להגיב על כך בסיסמה-באמונה — "אתה בחרתנו מכל העמים". כאשר מייסרים אותנו הגויים בעודף של שנאת-חינם, מותר לנו לפנק את עצמנו בקצת אהבה-עצמית, אהבת-חינם.

הקריאה בפרשה עתיקה זו של שיעבוד מצרים, מכות מצרים, יציאת מצרים — מגלה לנו, כי מה שהיה לפני אלפי שנים חוזר ונשנה לכל אורך דברי ימי ישראל. חוזר ונשנה גם בימינו. עתיקים הדברים ואף-על-פי-כן חדשים הם מאד מאד.

בא

"וַיֹּאמֶר ה' אֶל מֹשֶׁה: בֹּא אֶל פַּרְעֹה, כִּי אֲנִי הִכְבַּדְתִּי אֶת לִבּוֹ וְאֶת לֵב עֲבָדָיו, לְמַעַן שִׁתִי אֹתֹתַי אֵלֶּה בְּקִרְבּוֹ, וּלְמַעַן תְּסַפֵּר בְּאָזְנֵי בִנְךָ וּבֶן בִּנְךָ אֵת אֲשֶׁר הִתְעַלַּלְתִּי בְּמִצְרַיִם".

רבים תמהים: מדוע נענש פרעה, אם ה' הוא שהכביד את לבו? הכבדת לב האדם, על-ידי ה', בוודאי נוגדת את העיקרון באמונת היהדות, ש"הרשות נתונה" — לכל אדם ניתנת בחירה-חופשית ואין שום כוח-עליון אשר יכוון את מעשי האדם, לכאן או לכאן, לרעה או לטובה, לחיוב או לשלילה. הכבדת לבו של פרעה נראית לכן תמוהה מאד.

הכיצד אומר ה': "כי אני הכבדתי את לבו"?

יותר מכל הפרשנים האחרים מתלבט בנושא זה הרמב"ם, רבי משה בן מיימון, שבכל ספריו הרחיב את הדיבור, הסביר והבהיר, את יסוד הבחירה-החופשית, ושלל בתוקף רב כל אפשרות של גזרה-קדומה. ואכן, לאחר שהוא תוקף בחריפות את אלה הסבורים, כי האדם מודרך על-ידי גורליות של גזרה-קדומה, מגיע הוא לפרשת הכבדת לב פרעה. הוא מצביע על הקשיים בהתאמת פרשה זו לעקרון הבחירה-החופשית והוא מסביר: פרעה וסיעתו, אילו לא היה להם חטא, אלא שלא שילחו את ישראל, לפי דרישת ה' בפי משה — אולי לא היו ראויים לשום עונש, שהרי הקדוש-ברוך-הוא מנע אותם מלשלוח את ישראל, כמו שנאמר: "כי אני הכבדתי את לבו ואת לב עבדיו" — "ואיך היה מבקש מהם לשלחם, והם מוכרחים שלא לשלחם? ואיך ענשם אחר-כך כאשר לא שילחם? וזה נראה עוול בלא ספק וסותר כל מה שאמרנו שהגמול והעונש הם בצדק וביושר", היות שהבחירה-החופשית ברשות האדם היא מטבעו, ושכל פעולותיו ברצונו נעשות, "באין מכריח ומונע מחרצה לו שיכריחהו לעשות מה, או שימנעהו מעשותו. אבל פרעה וסיעתו בחרו, בלי הכרח, לחמוס את ישראל, הגרים, אשר היו בתוכם ועיוולו עליהם עוול גמור, באמרם "הבה נתחכמה לו", ושיעבדו אותם בגזרות קשות, בחומר ובלבנים ובהשלכת ילדיהם אל היאור — וזאת הפעולה היתה מהם בבחירתם, מבלי הכרח, רק ברוע לבבם. לכן, היה עונש ה' עליהם למנעם מהתשובה עד שיחולו עליהם העונשים מה' שהיה ראוי להם מן הדין". בכך שהקשה לבם — העניש אותם. וזה עצמו היה העונש, על השיעבוד והעינוי שגרמו לבני ישראל. "ואין להתפלא שה' בוחר כעונש את — מניעת-התשובה".

"וַיְהִי חֹשֶׁךְ אֲפֵלָה בְּכָל אֶרֶץ מִצְרַיִם שְׁלֹשֶׁת יָמִים, לֹא רָאוּ אִישׁ אֶת אָחִיו וְלֹא קָמוּ אִישׁ מִתַּחְתָּיו".

ראשוני החסידים היו מסבירים פסוק זה כך: "ולא ראו איש את אחיו" — כאשר אדם אינו נותן תשומת-לב לאדם אחר, אינו רואה את האדם האחר, "ולא קמו איש מתחתיו" — אין תקומה לאדם. זה היה בחושך מצרים — תחילה, לא ראו איש את אחיו, לא ראו המצרים בסבל וביסורים שהם גרמו לבני-ישראל היושבים בתוכם כאחים, ולבסוף — "לא קמו איש מתחתיו", לא הצליחו עוד המצרים לקום, לא היתה להם תקומה, אלא הלכו והתדרדרו, הלכו ונפלו, הלכו ושקעו.

"וימש חושך" — חושך־מצרים היה כה כבד וכה מעובה עד שאפשר היה למשש אותו בקצות האצבעות. במד־רש האגדה, שואלים חכמינו: כמה היה עוביו של חושך מצרים? תשו־בתם — כדינר זהב. אמר ר' אלעזר פאפו, מחברו של הספר "פלא יועץ", מהעיר איזמיר שבתורכיה: "מכאן אתה למד כמה חושך מסוגל לגרום בעולם דינר זהב". ואילו ר' ישראל איש העיר סאלאנט, שבארץ ליטא, היה אומר: "אדם רואה בעיניו עולם ומלואו, אבל אם הניחו על עיני האדם שתי פרוטות בלבד, פרוטה אחת על עין ימין ופרוטה אחת על עין שמאל — שוב אינו רואה כלום".

בני ישראל שואלים משכניהם במצרים כלי־כסף וכלי זהב. מיניאטורה מתוך הגדה של פסח. כתב־יד ספרדי מימי־הביניים

"דַּבֶּר נָא בְּאָזְנֵי הָעָם, וְיִשְׁאֲלוּ אִישׁ מֵאֵת רֵעֵהוּ וְאִשָּׁה מֵאֵת רְעוּתָהּ כְּלֵי כֶסֶף וּכְלֵי זָהָב".

סיפור התורה על "ניצול מצרים" באמצעות שאילת כלי-כסף, כלי-זהב, שמלות וכדומה על-ידי בני-ישראל, לפני צאתם ממצרים — הוא סיפור מוזר וקשה ובכל הדורות שימש ענין זה נושא "חם" לפרשנים ולדרשנים, למקטרגים ולסניגורים, ואפילו לחובבי בדיחה. שכן, מה עולה מתוכנו של סיפור זה? ראשית, שגם בתוך שיעבוד וגלות מצרים היו יחסי-ידידות בין יהודים ומצרים. "וישאלו איש מאת רעהו ואשה מאת רעותה" — משמע, שאפילו במצרים של פרעה היו אזרחים שלא קיבלו את שיטת הממשל ואת חוקיו לגבי שנאת בני-ישראל, רדיפתם ושיעבודם. משמע, אין עם שכולו רע. בקרב אותו עם עצמו, שמצויים בתוכו רבים הרודפים את בני ישראל; מעבידים אותם בחומר ובלבנים ובכל עבודה קשה; ומשליכים ילדי ישראל ליאור — בקרב אותו עם יש גם אזרחים ואזרחיות המקיימים יחסי-רעות עם בני-ישראל. תופעה זו מעמידה במצב קשה את המצרים הללו אשר נתנו יד לביצוע הגזרות הרעות של פרעה. הנה מתברר, כי מי שלא רצה לרדוף את היהודים, יכול היה שלא לעשות כן, ואפילו לקיים אתם יחסי-רעות.

הדבר חוזר פעמים רבות בהיסטוריה ויכולים אנו למצוא לו דוגמאות גם בימינו. אפילו בגרמניה הנאצית לא היו כל הגרמנים רשעים ופושעים. ובוודאי שלא כל הערבים שואפים להשמיד את ישראל. בגרמניה היו גם כאלה — מעטים אמנם — שחרף הוקי-הגזע הנוראים, המשיכו לשמור על יחסי-רעות עם יהודים. ואפשר בהחלט לטפח יחסים כאלה שיעוררו ערבים רבים לחשב את דרכם והם יסכימו להשלים עם היהודים ואפילו עם קיום מדינת-ישראל. אין זה מן הנמנע שגם ערבי — אפילו ערבי לאומי — יגלה סימנים של ידידות לישראל. אין עם שכולו רווי שנאה ומשטמה. בכל עם מצויים אנשים אשר האהבה תגבר אצלם על השנאה. זאת מגלה לנו התורה כשהיא מספרת על שאילת הכלים והשמלות על-ידי היהודים מרעיהם המצריים. אך מסיפור זה נלמד גם שאין לקבל את טענתם של אותם גרמנים, או אפילו אותם ערבים, אשר הצטרפו למערכות הרשע והפשע בנימוק של 'אין ברירה, נהגנו כמו כולם'. אין הפרט יכול לפטור עצמו מאחריות לפשע-עם. לאלה נאמר ברורות: אפילו במצרים העתיקה היתה ברירה למי שלא רצה לשנוא, קל וחומר בימינו.

עתה נוסיף לטוות את קו המחשבה בכיוון זה: אלה, המצרים הטובים, השאילו ברצון לבני-ישראל כלי-כסף וכלי-זהב. אולי הבינו, כי "השאלה" זו אינה אלא מתנה, ובכל זאת נתנו את כליהם היקרים. שמא ראו בכך מעין תשלום-פיצוי, מעין שילומים, לבני-ישראל המעונים. יתכן גם שעצם עצת ה' לבקש מהם את כלי-הכסף וכלי-הזהב, נועדה לאפשר להם לפצות את ישראל ולהרגיע את מצפונם. מי יודע, מי מהין להסביר את דרכי ה' בפרשה תמוהה זו: האפשרות לפצות את הקרבן, את הנרדף, את הנפגע, באמצעות שילומים, היא לפעמים מתנת-חסד גדולה יותר למשלם מאשר למקבל, למשאיל מאשר לשואל.

בדרך אחרת מוסברים הדברים באמצעות האגדה, המספרת: כאשר כבש אלכסנדר מוקדון את כל ארצות המזרח, באו אליו המצרים והציגו לו תביעה-כספית כלפי היהודים, בהסתמכם על סיפור התורה. טענו המצרים: כאשר יצאו אבותיהם של היהודים ממצרים, הם לקחו מאבותינו בהשאלה כלי-כסף, כלי-זהב ודברי-ערך אחרים, ועד היום לא החזירום. דבר זה, אמרו המצרים, מסופר במפורש בתורה של היהודים. עתה הגיעה השעה שבני-בניהם ישלמו את חובם. אלכסנדר מוקדון הזמין את נציגי היהודים ודרש מהם להשיב תשובה לטענות המצרים, או למלא את תביעתם. חכמי ישראל נבהלו: להכחיש את האמור בתורה אין הם יכולים, ואילו לתת למצרים תמורה לכלי-הכסף וכלי-הזהב שלקחו מהם בהשאלה יוצאי מצרים, אינם רוצים. רבתה המבוכה בין חכמי היהודים. היה שם איש פשוט ושמו גביהה בן-פסיסא, ואמר לחכמי היהודים: "תנו לי ואלך ואדון עמהם". באין ברירה, הסכימו גדולי היהודים שגביהה בן-פסיסא יתייצב בפני אלכסנדר מוקדון — מול המצרים. הלך האיש ובא בפני אלכסנדר מוקדון, וביקש שהמצרים יחזרו על טענותיהם. המצרים מיהרו לעשות כן. שאל אותם: "ואתם מוכנים לקבל את כל הנאמר בתורת משה כאמת עובדתית?" מיהרו המצרים להשיב לו: "הן!". אמר להם: "אם כן, כתוב בתורת משה, כי שש מאות אלף גברים יהודים עבדו מאות שנים בחומר ובלבנים ובכל עֲבודה קשה למען המצרים. עכשיו, בואו ונעשה חשבון, כמה יש לשלם להם תמורת עבודה זו. תשלמו אתם תמורת העבודה ונשלם אנו תמורת כלי-הכסף וכלי-הזהב". נתן להם אלכסנדר מוקדון למצרים זמן של ארבעה ימים כדי להשיב על טענותיו של גביהו בן-פסיסא. הבינו המצרים, כי היהודי טמן להם מלכודת ומיהרו לברוח ולהסתתר מפני אלכסנדר מוקדון.

אגדה זו, שהדמיון בוודאי מרובה בה מן המציאות, נועדה להבהיר לכל מקטרג, כי לא היה זה עוול כה גדול כאשר ניצלו בני-ישראל את מצרים כפי שניצלו אותה. לקיחת הכלים המצריים ב"השאלה" היתה העונש הקל ביותר שניתן למצרים והוא הוטל על הטובים שבהם בלבד, בעוד שלרשעים נועדו עונשים הרבה יותר קשים.

"ושאלה אשה משכנתה ומגרת ביתה כלי כסף וכלי זהב ושמלות". למה נאמרה מצוה זו במיוחד לנשים? שכיוון שגזר פרעה "כל הבן הילוד היאורה תשליכוהו" היו בנות ישראל משחדות מתכשיטיהן לעבדי פרעה ומשחדות למצרים שלא יגלו את בניהן ומשליכים רק מקצת מן הבנים ומקצת מצילים. עתה באות נשי ישראל לתבוע בחזרה את תכשיטיהן, כלי כסף וכלי זהב ושמלות שלהן, שנתנו אז למצרים. ו"שאילה" זו אינה אלא החזרת החפץ לבעליו האמיתיים (מדרש "חמדת הימים").

❦

ואילו הבדיחה-היהודית פוטרת את העניין כולו, כך: רצה הקדוש-ברוך-הוא להבטיח שהיהודים לא יחזרו עוד למצרים לעולם, מה עשה? אמר להם לקחת הלוואות מידי המצרים, וכך דרכו של עולם — הלוקח הלוואה מחברו אינו ממהר להראות עצמו בפניו.

❦

רש"י מסביר מדוע אמר הקדוש-ברוך-הוא לקחת את כלי-הכסף וכלי-הזהב בהשאלה מהמצרים — "כדי שלא יאמר אותו צדיק, אברהם אבינו: בברית בין הבתרים הבטיח הקדוש-ברוך-הוא, ועבדום ועינו אותם ארבע מאות שנה ואחר-כך יצאו ברכוש גדול" — ועבדום ועינו אותם — קיים בהם! ואחרי-כן יצאו ברכוש גדול — לא קיים בהם?!

"וככה תאכלו אותו" — קרבן־פסח במצרים. מתוך הגדת טריאסטה

ושואלים אוהבי הבדיחה: האם בשביל לקיים את ההבטחה "ואחר-כך יצאו ברכוש גדול" לא היתה דרך אחרת לה' אלא לקחת בהשאלה חפצים מהמצרים? הם שואלים והם משיבים: כל אדם שיש לו מנה רוצה מאתיים, אין אדם מסתפק במה שיש לו. וכיצד יגיעו בני-ישראל לרכוש גדול — אך אם יתנו להם את כליהם וחפציהם של אחרים, רק אז, כאשר יהיה להם רכושו של מישהו אחר, יבואו על סיפוקם ויחושו כי סוף סוף הגיעו ל"רכוש גדול"...

"דַּבְּרוּ אֶל כָּל עֲדַת יִשְׂרָאֵל לֵאמֹר: בֶּעָשֹׂר לַחֹדֶשׁ הַזֶּה וְיִקְחוּ לָהֶם אִישׁ שֶׂה לְבֵית אָבֹת שֶׂה לַבָּיִת --- וְהָיָה לָכֶם לְמִשְׁמֶרֶת עַד אַרְבָּעָה עָשָׂר יוֹם לַחֹדֶשׁ הַזֶּה וְשָׁחֲטוּ אֹתוֹ כֹּל קְהַל עֲדַת יִשְׂרָאֵל בֵּין הָעַרְבָּיִם וְלָקְחוּ מִן הַדָּם, וְנָתְנוּ עַל שְׁתֵּי הַמְּזוּזֹת וְעַל הַמַּשְׁקוֹף".

חז"ל מסבירים את קרבן-הפסח שהוקרב במצרים — "פסח מצרים" — כמעשה התקוממות של בני-ישראל נגד משעבדיהם. השה, אומרים חז"ל, היה "אלוהיהם של מצרים", הוא היה מקודש בעיני המצרים. המצווה לקחת את השה ולשחוט אותו בפומבי — היה מעשה-התגרות מובהק במצרים. וכך מתארים לנו חז"ל את מעשה הקרבן: אותו יום (עשירי לחודש ניסן) שבת היה וכל אחד מישראל לוקח לו שה וקושרו בכרעי המיטה. והיו שכניהם שואלים אותם: "מדוע קשרתם את אלוהינו למטתכם?" ובני ישראל משיבים להם: "בעוד ארבעה ימים אנו שוחטים אותו וזורקים את דמו על מזוזות בתינו ועל משקופי דלתותינו"! ואכן, כך עשו. הם לא רק שחטו את "אלוהי מצרים", אלא אף זרקו-התיזו את דמו של השה השחוט על פתחי בתיהם הפונים אל הרחוב המצרי. היה זה מרד גלוי של העם המשועבד והמדוכא; של העבדים הכפופים והמוכים; של האבות השכולים אשר ילדיהם הושלכו ליאור — כלפי רודפיהם-מעניהם. לפתע, זקף היה־די קומתו והיה מוכן להסתכן עד כדי שחיטת השה, "אלוהי מצרים". לא בסתר נעשה הדבר, אלא בצורה הפגנתית גלויה ומתגרה. מכאן ועד ליציאה ממצרים, עד לגאולה, רק צעד אחד.

ברם, האם לא הועמדו כאן בני-ישראל במבחן חמור מידי על-ידי ה', שכאילו אמר להם: רוצים אתם שאגאל אתכם? אדרבה, הבה ונראה עד כמה מסוגלים אתם להסתכן ולראות עצמכם גאולים מידי המצרים! האם אין כאן תביעה קשה מאוד, שרק לאחר שיוכיחו בני-ישראל כי אין עוד פחד בלבותיהם ומוכנים הם להתקומם נגד משעבדיהם, ולהסתכן אפילו בשחיטת "אלוהי מצרים" — רק אז יזכו לגאולה מן השמים? אמנם כן! לאחר שמצטווים בני-ישראל להקריב את קרבן-הפסח במצרים, נאמר: "והיה כי יאמרו אליכם בניכם מה העבודה הזאת לכם?" — במדרש-האגדה הידוע בשם "מבילתא" (וכן בהגדה-של-פסח), מיוחסת שאלה זו לבן הרשע. והתשובה לשאלה זו היא:

״אילו היה שם לא היה נגאל״. הווה אומר: מי שמגלה היסוסים לגבי הצו להקריב את קרבן-הפסח במצרים, מי שאינו מוכן לשחוט בגלוי את ״אלוהי מצרים״ ולא לזרוק את דמו על מזוזות ומשקוף פתח ביתו; מי שאינו מוכן לסכן את עצמו באותו סיכון שה׳ דורש מכל אחד מבני-ישראל — ״לא היה נגאל״. התנאי לגאולה הוא — נכונות למסירות-נפש. מי שאינו עומד בתנאי זה, אינו רואה בגאולה ואינו זוכה לגאולה.

״וּלְכֹל בְּנֵי יִשְׂרָאֵל לֹא יֶחֱרַץ כֶּלֶב לְשֹׁנוֹ״.

הכלב אוהב לחקות את אדוניו. יודע הכלב מתי להתחצף ומתי להיות מאופק, לפי מראה אדוניו והתנהגותו. במצרים לא חרץ עוד כלב לשונו בלפי בני-ישראל, לאחר שהקריבו את קרבן-הפסח, ואין לך סימן טוב מזה כי אכן נשברה גאוותם של המצרים. לא רק שלא הרימו עוד יד-רֶשע משעבֶדת על בני-ישראל, אלא אפילו כלביהם למדו לנהוג דרך-ארץ כלפי היהודי.

רבי מאיר מפרמישלאַן היה אוהב לדרוש את פסוקי התורה בדרך בדיחותא. הוא היה דורש פסוק זה כך: ״ולבני ישראל לא יחרץ״ — יהודי לא צריך להיות חרוץ מדי וחריף מדי. ״כלב לשונו״ — כמו הלב כך צריך להיות גם הלשון, מה שהיהודי חושב בלבו זאת הוא צריך גם לומר בלשונו.

ירושלים. מתוך הגדת טריאסטה

בשלח

"וַיְהִי בְּשַׁלַּח פַּרְעֹה אֶת הָעָם --- אָז יָשִׁיר מֹשֶׁה וּבְנֵי יִשְׂרָאֵל".

פרשה זו ידועה לא רק כפרשת "בשלח" אלא בעיקר כפרשת "שירה". השבת בה קוראים פרשה זו ידועה בשם "שבת שירה". במרכזה של הפרשה עומדת "שירת הים". השיר של משה ובני-ישראל על נס קריעת-ים-סוף: "אשירה לה' כי גאה גאה, סוס ורוכבו רמה בים, עזי וזמרת יה ויהי לי לישועה". השירה עשתה את קריעת-ים-סוף למאורע נצחי אדיר. שירה זו מלווה את עם ישראל, כשיר גאולה, לאורך כל דרכו ההיסטורית.

"אז ישיר משה ובני ישראל" — דורשים חז"ל: "אז שר — לא נאמר, אלא — אז ישיר. שיר לשעתו ושיר לעתיד לבוא". זהו כוחו של שיר אמת, זוהי עוצמתה של שירה כנה. אין היא זמנית-עוברת; יש בה מיסוד הנצח, הקיים ועומד לדורי דורות.

ברם, לא רק משה ושירתו עומדים במרכזה של פרשה זו. יש בפרשה עוד שתי דמויות שמן הראוי לתת עליהן את הדעת. האחת היא דמות אגדתית, ששמה לא מוזכר במפורש בתורה, ורק בדברי האגדה המדרשיים היא מופיעה. זוהי דמותו של נחשון בן עמינדב. הדמות השניה מוזכרת בפרשה בשמה — מרים, אחותו של משה.

באגדה מסופר: בשעה שאמר משה לבני-ישראל לרדת אל הים, היו ישראל נרתעים ומהססים, הם חששו להיכנס אל המים. עד שקפץ נחשון בן עמינדב וירד תחילה בים ואחריו קפצו גם אחרים. כיון שהגיעו המים עד לצוואריהם, אמר הקדוש-ברוך-הוא למשה: "הרם את מטך ונטה את ידך על הים ובקעהו — — — ויבקעו המים ויבואו בני ישראל בתוך הים ביבשה".

מאז נחשון בן עמינדב — נקרא כל מתנדב ראשון, כל מי שקופץ ראשון למים בשם — נחשון. נחשון בן עמינדב היה ה"נחשון" הראשון. אחריו לא תמו "נחשונים" מקרב עם-ישראל. אין אנו יודעים מה היה קורה לו לא הקדים נחשון בן עמינדב לקפוץ לים-סוף עד שהמים הגיעו לצווארו. מי יודע אם ללא מעשה זה היינו זוכים לנס קריעת-ים-סוף ול"שירת הים". נחשון הוא שקירב את הנס. נכונותו להקרבה, למסירות נפש, חוללה את הפלא. וכך גם הנחשונים בכל דור ודור. הם קופצים לתוך המשימות המסוכנות; הם יורדים ראשונים אל בין גלי הים והם עולים ראשונים על מדורות-האש. המעשה הנחשוני שלהם הוא שמשנה את פני-הדברים והוא שמאפשר לכל בני-ישראל ללכת אחריהם ו"לעבור את הים ביבשה". שום מעשה גדול אינו יכול להתחיל, כנראה, בלי נחשון.

ובעוד אנו קוראים מחדש את שגב השירה של משה — "וברוח אפיך נערמו מים, ניצבו כמו נד נוזלים, קפאו תהומות בלב ים" — רואים אנו מבעד למלות-השיר את נחשון בן עמינדב, הצועד אל תוך הים. הנה הוא יורד עמוק יותר, עמוק יותר, עד שמי-הים מגיעים לצווארו, ואז — קורה הנס. האדם הוכיח את עצמו, ואז מתגלה גם פעלו של ה'.

לעתים נדמה לנו, כי במעשה שעשה נחשון בן עמינדב, הוא כאילו העמיד במבחן את השגחה-העליונה. קפיצתו לים כאילו הכריחה את

"ואתה הרם את מטך ונטה את ידך על הים — ובקעהו". מעשה, שישב המשורר חיים-נחמן ביאליק ושמע הרצאתו של חוקר תנ"ך אחד על קריעת-ים-סוף. אותו חוקר, שידוע היה כמעריץ עיוור של שיטת ביקורת-המקרא, הירבה להביא דעות שונות של חוקרים הדנים בפרשה זו של קריעת-ים-סוף. הוא הזכיר את אותם החוקרים המכחישים את נס קריעת-ים-סוף וטוענים כי אין זה אלא סיפור-אגדה קדום. הוא גם הביא דעת חוקרים אחרים, הסבורים שאולי בכל זאת יש גרעין היסטורי בסיפור זה. משנתמשכה ההרצאה שעה ארוכה, והמרצה הזכיר מציאות ואי-מציאות "תעודות" והוכחות שונות הקשורות בפרשה, הזדקף לפתע ביאליק, הלם במקלו על השולחן וזעק: "אינני מבין מה הן כל ההתחכמויות האלה. ההוכחה המדעית הטובה ביותר בשבילי, שקריעת-ים-סוף היא עובדה היסטורית, הוא הפסוק: "נטה ידך על הים — ובקעהו". ואת המלה "ובקעהו" השמיע ביאליק בזעקה כזו עד שכל הנוכחים העידו על עצמם אחר-כך, כי באותו רגע נדמה היה להם, כי הם רואים איך נבקע ים-סוף לשניים.

"אז ישיר משה". דף מחומש שנדפס בספרד בשנים 1486–1489

הקדוש-ברוך-הוא לגרום לנס של קריעת-ים-סוף. משמע, גם ה' אינו יכול להישאר אדיש מול נחשון היורד לים לקול קריאתו של משה — סעו! העם מהסס, רועד, נרתע. הרגע ההיסטורי מוטל על כף-המאזניים. היבוא, היארע המאורע הגדול? או שמא יוחמץ? והנה צ'עד נחשון, מהלך בין הגלים, והוא אינו נשאר יחיד — רבים מבני-ישראל קופצים לים אחריו. ה' אמר למשה: "דבר אל בני ישראל — ויסעו". משה דיבר, והעם — נוסע. ואז אומר ה' למשה: "הרם את מטך ונטה את ידך על הים — ובקעהו".

נחשון נתגלה להם לפני שירדו לים, ואילו בצאתם מן הים והנה היא — מרים אחות משה. "ותקח מרים הנביאה את התוף בידה ותצאנה כל הנשים אחריה בתופים ובמחולות, ותען להם מרים שירו לה', כי גאה גאה סוס ורוכבו רמה בים".

אין זו הפעם הראשונה שאנו פוגשים את מרים. כבר ראינו אותה כאשר שמה אמו של משה את הילד בתיבת-גומא בסוף שעל שפת היאור — "ותתצב אחותו מרחוק לדעת מה יעשה לו". אז, באותו רגע נורא, כאשר שוב אי-אפשר היה להצפין את משה מפני החוטפים המצריים שעסקו בהשלכת ילדי ישראל אל היאור, ואם הילד עשתה מעשה של יאוש, הפקירה את הילד לגורל העיוור בהניחה אותו בתיבת-גומא בסוף שעל שפת היאור — הוסיפה האחות, מרים, לעמוד על המשמר. היא התייצבה לא הרחק ועקבה בעירנות אחר התיבה הקטנה השטה דומם בין הקנים ובתוכה אחיה הקטן. בביתם של יוכבד ועמרם היתה בוודאי תאניה. הילד, שעם לידתו נתמלא הבית אורה, ואשר שלושה חדשים עמלו כל בני הבית לשמור אותו ולגונן עליו מצפורני החוטפים המצריים, הוצא עתה מן הבית והוטל בקני הסוף שעל שפת היאור. מי יודע מה יקרה לו? הילד אמנם לא הושלך על-ידי הנוגשים המצריים לתוך היאור — אך האם יהיה מצבו שונה מזה של הילדים האחרים שמצאו את מותם במקום הזה, למרות שהוא מוגן בינתיים בתיבת-גומא קטנה? האחות מרים אינה מרפה. היא לא מצטרפת לבני-הבית הבוכים והפוכרים אצבעותיהם מתוך יאוש. היא מתייצבת לא הרחק מן התיבה. שפתיה קמוצות בעקשנות והיא מסתתרת בין קני הסוף ומצפה — לראות מה קורה לילד הקט.

כך התוודענו לראשונה עם מרים. עתה, לאחר קריעת-ים-סוף, אנו שוב נפגשים עמה. אין היא עוד אותה נערה עקשנית, המרוכזת כל-כולה באימה של סכנת-הכיליון המרחפת על אחיה התינוק. הנה היא מרים — אשה צוהלת ובידה תוף. היא מצליחה לסחוף אחריה מחנה גדול של נשים, כשכולן יוצאות במחולות ושרות: "שירו לה' כי גאה גאה סוס ורוכבו רמה בים". הן בוודאי זוכרות עתה איך השליכו המצרים ליאור את ילדי ישראל, והנה הושלכו המצרים עצמם אל בין גלי ים סוף. הם, שטיבעו את הילדים הרכים — מנסים כעת להינצל ממוות בטביעה, אך מי-הים גורפים אותם ומורידים אותם לתהומות. כל הכאב והזעם שהיה עצור בנשי ישראל, במשך שנות השיעבוד במצרים, עולה ומתפרץ בעוז עם השירה האדירה הנשמעת למרחוק. בראש מחנה

קריעת ים סוף. מאת מארק שאגאל

יציאת מצרים. תבליט מצרי עתיק

הנשים התייצבה מרים, זו אשר עליה נאמר "ותתצב אחותו מרחוק לדעת מה יעשה לו".

מרים יודעת תמיד להתייצב במקום הנכון ברגע הנכון. היא מתייצבת מול היאוש והסכנה והיא מתייצבת גם בשעה שהשמחה גואה, מול הנס המופלא — קריעת-ים-סוף. אם נרצה, נוכל לראות במרים סמל לאשה העבריה שבכל דור ודור. אותה אשה עבריה, אשר ידעה לרחף מעל עריסת ילדה החולה ולהיאבק בצפרניה עם מלאך-המוות; אותה אשה, אשר ידעה לצפות על הליכות-ביתה בימי זעם ועברה, סבל ומצוקה, כשם שידעה לצאת במחול סוער ברגע של אושר ושל שמחה. מי מאיתנו לא ראה את האם היהודיה ברגע של חרדה ודאגה, מתייצבת למאבק על החיים ועל הקיום? ומי לא ראה אותה נסחפת בריקוד בשעה שזכתה להוליך את אחד מצאצאיה לחופה?

התורה מכנה אותה: "מרים הנביאה" — אולי מפני שבדמותה של מרים, כמו "נתנבאה" דמותה של האשה העבריה מאז מרים ועד ימינו. בשעה של סכנה — היא פה; בשעה של צער ומבוכה — לא נעדר מקומה; וברגע של שמחה — היא במרכז.

''וַיֹּאמֶר ה' אֶל מֹשֶׁה: הִנְנִי מַמְטִיר לָכֶם לֶחֶם מִן הַשָּׁמָיִם, וְיָצָא הָעָם וְלָקְטוּ דְּבַר יוֹם בְּיוֹמוֹ — — — וּבְנֵי יִשְׂרָאֵל אָכְלוּ אֶת הַמָּן אַרְבָּעִים שָׁנָה, עַד בֹּאָם אֶל אֶרֶץ נוֹשָׁבֶת, אֶת הַמָּן אָכְלוּ עַד בֹּאָם אֶל קְצֵה אֶרֶץ כְּנָעַן''.

לימדה אותנו התורה: לישראל במדבר נותנים מן — "לחם מן השמים". המדבר אינו מקום לזריעה וגידול תבואה. במדבר נודד העם ממקום למקום ואינו מסוגל לגדל לעצמו את מזונו. לא כן בארץ נושבת, בארץ-ישראל. כאן יהיה זה עלבון לעם אם יתנו לו לחם-חינם, היורד כמטר מן השמים. בארצו העצמאית חייב העם להשיג את לחמו על-ידי עמל ועבודה — בזיעת אפיך תאכל לחם.

וכל-כך למה? כי אין לך דבר המגונן עם ואדם, יותר מאשר — לחם-חסד. בארבעים שנות צעידתם במדבר היו בני-ישראל נרגנים ומתלו-ננים. כאשר נגיע אל ספר "במדבר" נלמד ונקרא על המשברים התכופים אשר פקדו את העם שהתפרנס מאכילת-מן. מרוב שובע, מרוב שפע וממיעוט עמל — נתרבה השעמום ועודף המרץ שוחרר על-ידי מחלוקות וטרוניות. בארץ נושבת חייב עם לאכול את לחמו-הוא, את פרי עמלו, אחרת לא תהא ארצו "ארץ נושבת" אלא ארץ-סעד, שאזרחיה מצפים כי יומטר עליהם מזונם מלמעלה.

כל המעלות הטובות היו בו במן: "והוא כזרע גד לבן וטעמו כצפיחית בדבש". במדרש נאמר, כי לצעירים הוא היה כלחם, לזקנים כשמן, לתינוקות כדבש. הכל היה בו, כל הגילים התענגו עליו. בכל זאת, קראו בני-ישראל על המן: "קצה נפשנו בלחם הקלוקל", מפני שהוא בא ללא מאמץ.

וחבל שעם קום מדינת-ישראל, בימינו, לא שמנו לב לעקרון זה שנקבע לדור-גאולים ראשון — בארץ-ישראל אין לאכול לחם המגיע לאדם בנקל, בארץ-ישראל חייבים בני-ישראל לייצר לעצמם את לחמם. מי

יודע אם אין העובדה, שאנו במדינה ממשיכים להיות אוכלי "מן" של סובסידיות למיניהן, מערערת את יסודות עצמאותנו ומונעת מרבים מאתנו את ההרגשה, כי אכן הגענו סוף סוף לארץ-נושבת. חבל שרבים מאתנו נוהגים כדור-המדבר, ואולי נובע הדבר מכך שעדיין אוכלים אנו לחם שלא בא לנו מעמל-כפינו ועדיין לא הגענו "לקצה ארץ כנען"

יציאת מצרים. מאת מארק שאגאל

www.ingramcontent.com/pod-product-compliance
Lightning Source LLC
Chambersburg PA
CBHW080544090426
42734CB00016B/3199
* 9 7 8 0 9 8 6 1 1 9 6 4 4 *